François-Marie Voltaire (eigentlich F. M. Arouet), geboren am 21.2.1694 in Paris, ist am 30.5.1778 dort gestorben.

Der Todestag von François-Marie Arouet jährt sich 1978 zum 200. Male. Das gibt Anlaß, in der Reihe der Leben-und-Werk-Bände der insel taschenbücher Voltaires Leben, dieses glänzenden Geistes des 18. Jahrhunderts, zu dokumentieren. Neben weniger bekanntem Bildmaterial enthält der Band auch Texte von Zeitgenossen zum Werk des Philosophen und Schriftstellers.

»Es gibt Schriftsteller, die in die Literaturgeschichte hineingehören. Die wertvollsten unter ihnen sind epochemachend in der Dichtung, der Wissenschaft oder Geschichtsschreibung ihres Landes. Es gibt einige recht wenige Schriftsteller, vielleicht alles in allem ein paar Dutzend, die der Weltgeschichte angehören. Voltaire ist einer von ihnen.« *Georg Brandes in »Voltaire«*

insel taschenbuch 324
Voltaire
Leben und Werk

VOLTAIRE
LEBEN UND WERK
IN DATEN UND BILDERN

HERAUSGEGEBEN VON
RUDOLF VON BITTER
INSEL VERLAG

Manon v. LeSuire, Lippold v. Klencke
und insbesondere Günter Metken
sei für ihre Hilfe gedankt.

insel taschenbuch 324
Erstausgabe
1. Auflage 1978
© Insel Verlag Frankfurt am Main 1978
Alle Rechte vorbehalten
Für: *Heinrich Mann:* Voltaire – Goethe (1910)
Copyright 1973 bei Aufbau-Verlag
Alle Rechte für die BRD und West-Berlin
bei Claassen Verlag GmbH Düsseldorf, 1974
Vertrieb durch den Suhrkamp Taschenbuch Verlag
Typografie: Max Bartholl
Satz: O. Gutfreund, Darmstadt
Druck: Nomos Verlagsgesellschaft, Baden-Ba
in Germ

VOLTAIRE
VON RUDOLF VON BITTER

Hat dieser Vorkämpfer der Aufklärung und Gegner all dessen, das wider die Vernunft gerichtet ist, und den man so gerne einen Philosophen nennt, nicht etwas befremdend Widervernünftiges in seinem gelegentlich hervorbrechenden hemmungslosen Haß und in seiner Verbissenheit im Hassen seiner Widersacher? Liegt nicht ein Widerspruch in der Unbedachtsamkeit der Äußerungen Voltaires und in seiner Situationsbezogenheit, in seiner aufbrausenden Gefühlsbetontheit und seiner Neigung, auf seiner Überzeugung widersprechende Art Vorteile zu nutzen? »Wenn er nicht geschrieben hätte, hätte er gemordet«, findet sich bei Gustave Desnoiresterres, Jacob Vernet schreibt: »Seine äußerste Lebhaftigkeit verleiht seiner Feder oft brüske und unbedachte Bewegungen; niemand preist mehr als er Vernunft und Menschlichkeit, Verträglichkeit und Sanftmut; niemand beklagt häufiger die unanständigen Schikanen der Schriftsteller; doch niemand vergißt leichter als er diese schönen Lektionen.« Marmontel urteilt, als Voltaire am Grabe Emilie du Châtelets, die er geliebt hatte und 15 Jahre zusammenlebte, über eine lustige Bemerkung in schallendes Gelächter ausbricht: »Er hatte die Leichtigkeit eines Kindes, von einem Extrem ins andere zu fallen in den Leidenschaften, die ihn bewegten.«

Den Spitzel und Berufsdenunzianten Beauregard, zu dessen Opfern auch Voltaire gehört hatte, verfolgt er zwei Jahre lang mit dem Ziel, ihn schließlich eingesperrt oder gehenkt zu sehen. – Nach seinem Streit mit dem Chevalier de Rohan will er sich rächen und instruiert sich zu diesem Zweck in Schlägerkreisen; allerdings kommt ihm die Familie Rohans zuvor und erwirkt Voltaires Inhaftnahme in der Bastille; dort merzt er aus der »Henriade« den Namen des Duc de Sully aus, in der »Henriade« der in seiner politischen Einflußnahme nicht zu übersehende Kanzler Henris IV, für Voltaire der Freund, der ihm, dem Bürgerlichen, nicht geholfen hat gegen den Standesgenossen Rohan. – Als es einige Jahre nach den Schikanen des Abgesandten Friedrichs II in Frankfurt, Freytag, gegenüber Voltaire zu Spannungen zwischen Österreich und Preußen kommt, wobei Frankreich auf Seiten Österreichs steht, bittet er Richelieu, ihm bei der Passage Frankfurts die Ohren Freytags für seine Nichte zuzusenden, außerdem entwirft er einen Kampfwagen, damit das preußische Heer auch wirklich aufgerieben werde. – Einer Nichte des ehemaligen Finanzministers Terray, die Voltaire in Fernay besuchen will und mit Nachdruck auf ihre Verwandtschaft hinweist, läßt er bestellen, er habe nur noch einen Zahn, und den habe er sich gegen ihren Onkel aufbewahrt.

Wenn Phantasie und Leidenschaft überhandnehmen, wird er unbedacht: während noch ein Haftbefehl gegen ihn vorliegt, verfaßt er »La Pucelle«, worin er die Jungfrau von Orléans entweiht und ihre Geschichte auf eine den Stolz auf die Heldin beleidigende Art verspottet, und liest Auszüge daraus als strenges Geheimnis vor ausgesucht großem Kreise vor. – Im Vorzimmer des Regenten macht er eine spöttische Bemerkung nach der anderen über den Regenten, weil er damit bei den anderen Wartenden Anklang findet. – Er verfaßt für Friedrich II. einen Aufruf an die Bevölkerung Lüttichs, entweder eine Million Dukaten zu zahlen oder aber von der preußischen Artillerie beschossen zu werden – später fiel ihm dann philosophisch ein, daß dies doch wohl die Art von Banditen sei. – Er verdient an der Versorgung der Armee (Lebensmittel, Furage, Bekleidung), beklagt aber zugleich die Schrecken des Krieges, an dem doch nur Marquet, ein Kollege im Geschäft, und Genossen verdienten. – Beim Besuch James Boswells entwickelt sich folgendes Gespräch über Samuel Johnson. Boswell: »Johnson ist völlig orthodox, aber sehr gebildet, er hat viel Genie.« Voltaire: »Dann ist er ein Hund! Ein abergläubischer Hund. Kein achtenswerter Mensch war jemals abergläubisch.« Boswell: »Johnson sagt, Friedrich schreibe wie Ihr Stallknecht.« »Dann ist er vernünftig.«

Seine Erregbarkeit kennt im Aufbrausen keine Hemmungen: Wenn Pater Adam gegen ihn im Schachspiel gewinnt, bewirft er ihn mit den Figuren und treibt ihn mit seinem Stock in einen Schrank – um ihn nach einer Pause mit »Adam, ubi es?«

wieder herauszurufen; bei einem Streit mit Emilie du Châtelet im Salon der Duchesse du Maine bedroht er Emilie mit einem Messer und gebietet ihr, ihn nicht mehr mit ihrem irren Blick anzusehen; wenn ihm das Theaterpublikum nicht begeistert genug ist von seinen Stücken, weist er es lauthals zurecht; beim Spielen der von ihm geschriebenen Rolle des Lusignan in »Zaïre« zerfließt er regelmäßig in Tränen und vergißt vor Rührung den Text. – In seiner Gefühlsbetontheit ist er sogar so beweglich, die eigenen Ränke zu vergessen: Er bejammert das Schicksal der Familie des »armen Gresset«, nachdem er ihm eine Falle gestellt und dafür gesorgt hat, daß er eingesperrt wird. Dies alles verbindet sich mit Voltaires schier unerschöpflicher Energie: Ein gut Teil seiner Zeit hat er mit Protesten, Streitereien und ihn erregenden Kleinigkeiten wie dem Bau einer Brücke oder der Lage eines Straßenzuges verbracht; für jedes Detail erkundigt er sich, schreibt viele Briefe und arrangiert die Dinge mit einer Energie, einem Talent und einer Bedenkenlosigkeit, die nur selten zu finden sind.

Doch wäre es andererseits sicherlich verfehlt, Voltaire nur nach diesem Charakterzug beurteilen zu wollen, und es liegt eigentlich kein Widerspruch darin, daß er sich gegenüber seinen persönlichen Feinden genauso verhalten hat wie gegenüber der Willkür der Staatsgewalt, der Heuchelei der Kirche und dem Mißbrauch ihres Einflusses, wie gegenüber Intoleranz, Unterdrückern, Aberglauben und Volksverführern – schließlich liegt die Ursache, daß wir ihn heute schätzen, gerade in seinem streitbaren Temperament.

André Delattre erklärt Voltaires Charakter als Wechselspiel dionysischer und apollinischer Elemente im Sinne Nietzsches: Er fürchte das Primitive in ihm und um ihn, und er habe Angst, sich im Emotionalen zu verlieren. Daher meide er jede Begeisterung und jeden Enthusiasmus und Fanatismus und spotte über ihn und greife ihn an, und stelle dem die Vernunft und die rationale Überlegung entgegen. Hier liege wohl auch ein Grund für Voltaires Verhältnis zu Shakespeare, an dem er einerseits das Geniale und Kräftige bewunderte, den er andererseits aber ablehnte der mangelhaften Regelmäßigkeit seines Theaters wegen.

Indem man ein System um dieses Phänomen konstruiert, erklärt man zwar seinen Mechanismus, das Phänomen selber ist darum aber nicht weniger bizarr. Im Rahmen der Familie Voltaires dagegen finden sich analoge Erscheinungen, neben denen es vergleichbar wird.

Am 21. November 1694 wurde François-Marie Arouet in Paris geboren als Sohn des François Arouet, Notar am Châtelet, d. i. dem Pariser Justizpalast, und später Königlicher Rat, und der Marie Catherine, aus dem Hause Daumart de Mauléon. Zu den Geschäftsfreunden des Vaters gehörten zwar bekannte Persönlichkeiten wie z. B. Boileau, die Beziehungen blieben aber sachlich; die Freunde der Mutter dagegen waren von anderer Art: witzige Schöngeister, Repräsentanten des mondänen Lebens, »libertins«, von denen der Abbé de Châteauneuf François' Pate wurde. Während er mit seinem lebhaften, frechen Witz beim Vater und bei seinem um zehn Jahre älteren Bruder Armand, beide nüchterne und schwerfällige Gemüter, allenfalls Mißbilligung erntete, fand François bei den Freunden seiner Mutter mehr Anklang und erweckte ihr Interesse: von dem noch Vierjährigen läßt sich der Abbé de Châteauneuf Fabeln LaFontaines aufsagen, später nimmt er ihn mit in die Gesellschaft des »temple«, wo man sich mit Gedichten im Stil Anakreons vergnügt (z. B. Caulieu), wo man aber auch Unmut und Kritik an Gesellschaft, Politik und Kirche äußerte, wobei sich der verhältnismäßig jugendliche und im Unterschied zu den anderen bürgerliche Arouet-Sohn besonders hervortat mit unverhohlener Kritik und ungeniertem Spott.

Bruder Armand entwickelte sich zu einem hitzigen Jansenisten: In der Gefolgschaft des Cornelius Jansen (1585–1631) griffen die Jansenisten die Erbsünde und die Grundschlechtigkeit des Menschen wieder auf und wandten sich gegen die moralische Laxheit der Jesuiten. Ein Großteil der in der Verwaltung Beschäftigten, unter ihnen aller Wahrscheinlichkeit nach auch Arouet Vater, hingen einem gemäßigten Jansenismus an und waren gemäß Saint-Simon »ordentlich, exakt, eng in ihrem Verhalten, arbeitsam und bußfertig«; daneben entwickelte sich ein fanatischer und besonders den politisch einflußreichen Jesuiten gegenüber aggressiver Jansenismus, gegen den Louis XIV. 1713 den Erlaß der päpstlichen Bulle »Unigenitus« erwirkte, der sich aber in Erscheinungen wie den Konvulsionären auf dem Grabe des Diacons Pâris fortsetzte, und dem Bruder Armand anhing. Bezeichnend ist der Ausspruch des Oratorianers Quesnel: »Das Beten ist ein Erzittern, und dieses Zittern ist das Teil der Elenden; wer nicht zittert, während er betet, fühlt nicht.«

So wie François sich gelegentlich auf eine Art verhielt, die sich nur ungenügend mit Vernunft erklären läßt, gab es bei Armand auch Momente ohne Fanatismus: Bald war er extrem in seiner Gottergebenheit, bald ohne jede Gewißheit, woran er sich zu halten habe, und voller Zweifel. Arouet Vater kam darüber zu dem Schluß, zwei Narren zu Söhnen zu haben, der eine in Prosa, der andere in Versen. Eines, und dies kennzeichnet sie als Kinder des aufstrebenden Bürgertums des 18. Jahrhunderts, vergaßen beide allerdings nicht, nämlich ihre materiellen Interessen; bei allem Jansenismus verstand es Armand, den Großteil des väterlichen Erbes an sich zu bringen; über Voltaires Geschäfte wird noch zu reden sein.

Neben der gefühlsmäßigen Ablehnung des Vaters sind es wohl auch der bürgerliche Arrivismus sowie die Zugehörigkeit zum Adel der Freunde, die Voltaire veranlassen, seine Herkunft zu leugnen: als Geburtsdatum gab er gerne den 20. Februar an, und als Vater beanspruchte er wechselnd M de Rochebrune oder den Abbé de Châteauneuf; 1741 schreibt er an den Abbé Moussinot, der in Paris für ihn Geschäfte führte: »Ich schickte Ihnen meine Unterschrift zur Vollmacht, dabei vergaß ich den Namen Arouet, den ich recht gerne vergesse. Ich schicke Ihnen andere Urkunden, auf denen sich der Name findet, trotz des wenigen Aufhebens, das ich davon mache.« – Den unter ihn Gestellten gegenüber bewahrt er allerdings sein Standesbewußtsein: Er wird sich doch nicht mit dem Schauspieler Poisson schlagen! – aber er lauert ihm mit zwei Schlägern auf. Als die Angelegenheit vor Gericht kommt, erscheint ihm auch dies nicht mehr passend, und er behauptet, mit zwei Pistolen auf Poisson gewartet zu haben, »um ihm den Schädel zu brechen«.

Während Arouet Vater Armand zu den jansenistischen Oratorianern in die Schule schickte, gab er 1704 François, gewissermaßen, um zumindest einen richtig zu placieren, in das Jesuitenkolleg Louis-le-Grand, dessen Schüler in der Hauptsache vorbereitet wurden auf das mondäne Leben der Salons, nicht zuletzt, weil sie fast ausnahmslos aus der Aristokratie stammten und daher zumeist für nicht viel anderes vorgesehen waren. Hier erhielt François eine hervorragende literarische Ausbildung. »Sieben Jahre lang wurde ich bei Lehrern erzogen, die sich freiwillig und unermüdlich Mühe gaben, Geist und Sitten der Jugend zu bilden. Seit wann soll man ohne Dank für seine Meister sein? Nichts wird in meinem Herzen das Andenken des Pater Porée verwischen, der in gleichem Maße all denen teuer ist, die unter ihm gelernt haben. Niemals gestaltete irgend jemand das Studium und die Tugend liebenswerter. Seine Lektionen waren für uns ergötzliche Stunden, und ich hätte gewollt, er sei in Paris so eingerichtet wie in Athen, daß man in jedem Alter seinem Unterricht hätte folgen können: ich wäre häufig zurückgekommen, ihn zu hören. Ich habe das Glück gehabt, von mehr als einem Jesuiten der Art des Pater Porée ausgebildet zu werden, und ich weiß, daß er Nachfolger hat, die seiner würdig sind.«

In Louis-le-Grand findet sich der junge François in Gesellschaft der Kinder der obersten Gesellschaftsschicht, reich, verwöhnt und kraft ihrer Titel befehlshaberisch gegenüber den Lehrern. Aus der Gegenüberstellung mit dieser dem Bürgersohn unbekannten Welt lassen sich Voltaires Neigung zu komfortablem Lebensstil und auch sein Bedürfnis nach Ruhm und seine Eitelkeit herleiten. Um seinen Freunden vom Kolleg folgen zu können, muß er kostspielig leben; er geht aus, mietet Kutschen und kleidet sich sorgfältig. Die tausend Francs, die ihm Ninon de Lenclos vermacht hatte, damit man ihm Bücher besorge, werden denn auch nicht in allzuviele Bücher umgesetzt. In dieser Umgebung, und in der Zeit der Régence 1715–1723 lernt Voltaire mit Geld umzugehen, mit 13 Jahren schon hat er einem Wucherer Schuldscheine gezeichnet; 1724 belaufen sich Voltaires Einnahmen auf ca. 6500 Livres Rente: aus Aktien und Wechseln 500, einer Pension des

Regenten, die er nach der Aufführung der Tragödie »Oedipe« 1718 zugebilligt bekommen hatte und die nach dem Tode des Vaters 1722 auf 2000 festgelegt wurde, und 4000 Livres Rente als kleinen Teil vom Erbe des Vaters; die Einnahmen der Tragödie überließ er, wie im Lauf seines Lebens meistens, den Darstellern. Im Allgemeinen ist er großzügig, in Geldangelegenheiten aber ist er hart: er besteht seinen Buchhändlern gegenüber auf seinen Rechten und hält ihre Rechnungen knapp; als er in das Packpapier-Projekt eines Strohhändlers investiert, zieht er um in dessen Nähe, um ihn besser im Auge zu behalten. Neben den Finanzgeschäften, von denen am spektakulärsten die Affäre Hirschel war, als er gegen Friedrichs II. Verbot Aktien kaufte, kultivierte Voltaire später, als er in Ferney Grundbesitz hatte, den Handel und die Industrie, beides Domänen des Bürgertums und von Voltaire in jeder Hinsicht geschätzt. Trotz seiner Theaterliebe richtet er eine Seidenraupenzucht in seinem Theater ein; als es in Genf Streit gibt zwischen den Bürgern und den Arbeitern der Uhrenindustrie, nutzt Voltaire die Gelegenheit und gründet mit aus Genf ausgezogenen Uhrmachern eine Uhrenfabrikation; zur Verkaufsförderung läßt er seine hochgestellten Freunde für Seidenstrümpfe und Uhren Reklame machen.

Pater Pallou von Louis-le-Grand beschreibt »dieses Kind« als »verzehrt von der Gier nach Berühmtheit«. Voltaire ist ehrgeizig, er will ein großer Schriftsteller sein und politisch eine Rolle spielen; als bei einem literarischen Wettbewerb nicht er gewinnt, sondern Abbé Dujarry, schnappt er ein und beschimpft den harmlosen Abbé als Berufspoeten und Parasiten; daß Corneille schon einen »Oedipe« geschrieben hat, kann ihn nicht abschrecken: er werde ihn eben übertreffen. In seinem Ehrgeiz, dem König zu dienen, schmeichelt er dem Minister Kardinal Dubois und vergleicht ihn sogar mit Kardinal Richelieu, um »zu irgend etwas angestellt« zu werden – daß so etwas einem Schriftsteller zustehe, führt er in den »Philosophischen Briefen« aus. Doch trotz des einen oder anderen Dienstes, den er dem französischen Hof hat erweisen können, wird er nur mit kleinen und kleinsten Aufgaben betraut, auf die er allerdings stolz ist. Daran ändert sich auch nichts, nachdem er den Titel des Hofhistoriographen verliehen bekommen hat.

Nach dem Verlassen des Jesuiten-Kollegs 1711, noch immer als François-Marie Arouet l. j. (= le jeune), wird Voltaire Student der Rechte; weil er sich jedoch mehr in der Gesellschaft der »libertins« aufhält, schickt ihn sein Vater schließlich als Sekretär mit dem Bruder des Abbé de Châteauneuf nach Den Haag, der dort Botschafter ist. In Den Haag verliebt sich Arouet Sohn unter Aufsehen in die Tochter einer exilierten Hugenottin und wird deshalb nach Paris zurückgeschickt. Arouet Vater will ihn am liebsten nach Amerika deportieren lassen, man einigt sich dann auf eine Ausbildung beim Notar Alain. Das ist ihm natürlich langweilig, doch erwirbt er sich dort die Kenntnis all der Wendungen, Winkelzüge und Schliche des Advokatenberufs, die ihm später in seinen eigenen Affären so nützlich sein sollten. Außerdem lernte er bei Alain Claude Thiériot kennen, der ihn bewunderte und für ihn, seit sie sich kannten, Handlangerdienste aller Art verrichtete. Voltaire erhielt ihm seine Freundschaft trotz des Mißbrauchs, den Thiériot damit trieb. Er verkauft heimlich Manuskripte Voltaires, deren Inhalt ihrem Urheber gefährlich werden konnte, er hilft Desfontaines gegen Voltaire, er betrügt und verleumdet Voltaire – Voltaire sieht ihm alles nach, genauso wie er auch seiner Nichte Mme Denis alles verzeiht, die ebenfalls Manuskripte von ihm verkauft, die ihm auf der Tasche liegt und ihn ausnutzt, und die sich in seinem Licht in Pose setzt. Voltaire fördert junge Talente wie Vauvenargues, dessen Manuskripte er in Druck gibt, obwohl Vauvenargues daran noch nicht einmal gedacht hatte, und Marmontel, den Voltaire aus der Provinz nach Paris kommen läßt, und den er, als er ihm keinen Posten im Ministerium verschaffen kann, aus eigenen Mitteln versorgt.

Auf der anderen Seite findet Voltaire nicht nur bei seinen Schulfreunden Unterstützung: Der Herzog de Guise bietet sich für den illegalen Vertrieb der »Geschichte Karls XII.« an, von der er 2 500 Exemplare nach Paris schmuggeln läßt; Freunde in der Verwaltung warnen ihn, wenn gegen ihn ein Haftbefehl ausgestellt wird, und helfen ihm, wenn es z. B.

darum geht, Steuererleichterungen für die Bauern von Ferney durchzusetzen.

Louis XIV. stirbt 1715, mit dem Regentschaftsantritt von Philippe d'Orléans macht sich allgemein mehr Freiheit bemerkbar; der Regent ist einem leichten Lebensstil nicht abgeneigt, und er findet sogar Gefallen an den Versen des Arouet Sohn. Als allerdings das Gerücht aufkommt, der Regent habe ein Kind von seiner Tochter, und dieses Gerücht zum Stoff so mancher Satire und so manchen Spottgedichtes wird, wobei sich Arouet Sohn mit seiner Verbindung von Begabung und Frechheit hervortut, muß er zunächst einige Zeit ins Exil nach Sully, dem Landsitz seines Freundes; kaum zurück in Paris, fährt er mit seinem Spott fort und wird schließlich – der Denunziant Beauregard spielte hier seine Rolle – für elf Monate in die Bastille gesperrt, eine verhältnismäßig milde Strafe. Während der Haft schreibt er seine Tragödie »Oedipe«, die er nach der Entlassung der Comédie Française anbietet. Das Drama ist ein großer Erfolg beim Publikum, insbesondere, wenn der Autor selbst die Schleppe des Hohepriesters trägt und dabei dem Publikum Grimassen schneidet. Als 1719 »Oedipe« gedruckt erscheint, figuriert als Autor zum erstenmal »M de Voltaire«, ein Anagramm aus Arouet l. j. mit Adelstitel.

Voltaires literarische Erfolge nehmen zu, er steht in der Gunst der Agnes de Prie; bei der Hochzeit von Louis XV. 1725 werden drei seiner Stücke aufgeführt und er erhält Jahresrenten von König und Königin – im Wettbewerb, wer der würdigste Nachfolger der Klassiker des vorangegangenen Jahrhunderts sei, kann allenfalls noch Crébillon Vater als Konkurrent gelten.

Doch der Frieden wird gestört; 1726 findet der folgenreiche Streit mit dem Chevalier de Rohan statt: Rohan greift Voltaire an wegen seines »de«, Voltaire bleibt es dem unansehnlichen Sprößling der großen Familie nicht schuldig. Bald darauf wird Voltaire während eines Essens bei Sully herausgerufen und vor der Tür von den Schergen Rohans mit Stöcken verprügelt, während Rohan dabeisteht und meint, man solle nicht so stark auf den Kopf schlagen, es könnte noch etwas darin sein.

Weil Voltaire sich rächen will, wird er zum Schutz Rohans in die Bastille gesteckt, darf sich aber nach kurzer Zeit nach England exilieren.

In London wird er von seinen englischen Freunden, die er in Paris kennengelernt hatte, in die Aristokratie und in die politischen Kreise eingeführt. Er lernt Swift, Pope, Gay und Congreve kennen, und vor allem das Ansehen, in dem die Schriftsteller in England stehen, die politische Freiheit und die in England schon viel weiter entwickelte Aufklärung. 1728 darf er nach Frankreich zurück, 1729 wird er wieder in Paris geduldet. Im selben Jahr beginnt er die Niederschrift der »Philosophischen Briefe«, in denen er die in England gesammelten Erfahrungen reflektiert und zu seinen wichtigsten philosophischen Ideen findet. Die heimliche Veröffentlichung der Briefe 1734 bringt Voltaire einen Haftbefehl ein; er zieht sich auf das Schloß der Châtelets, Cirey in Lothringen, zurück, wo bis 1749 sein hauptsächlicher Wohnsitz sein wird.

Während die »Philosophischen Briefe« verboten werden und die 1. Auflage der »Geschichte Karls XII.« beschlagnahmt wird, hat Voltaire im Theater insgesamt gesehen weiterhin Erfolg: mit der Tragödie »Zaïre« gelangt er zum Ansehen des würdigsten Nachfolgers der Racine und Corneille, seine Stücke sind so beliebt, daß bei der Premiere von »Merope« das Publikum ihm applaudiert, und schließlich wird 1745 bei der Hochzeit des Thronfolgers »Die Prinzessin von Navarra« aufgeführt.

In seinen Dramen ist Voltaire, eben um den Klassikern ebenbürtig zu sein, Epigone: in der Einheit von Raum, Zeit und Handlung und in den sprachlichen Regeln hält er sich streng an die Größen des vergangenen Jahrhunderts. Doch legt er in diese klassische Form einen neuartigen Inhalt, die Bühne wird zum Instrument der Aufklärung. Auch wenn die Tragödien Voltaires heute nicht mehr interessieren, ist die Wichtigkeit ihrer aufklärerischen Kanzelfunktion nicht zu unterschätzen, war die Tragödie doch als die höchststehende literarische Gattung angesehen. Eine ähnliche Wandlung des Publikumsgeschmacks erfuhr das Heldenepos »La Henriade«, in dem Henri IV. als Friedefürst und Kulturbringer dargestellt wird, wobei Voltaire sich formal an die »Äneis« des Vergil gehalten hatte – das den Klassikern Nachgeahmte begeisterte immer weniger.

Neben diesen literarischen Erfolgen fand Voltaire noch andere Anerkennungen: Der Herzog von Holstein, russischer Präsumtiverbe, bietet ihm einen Posten an; 1743 wird er in die Londoner Royal Society gewählt; 1745 ernennt ihn der König zu seinem Hofhistoriographen; 1746 wird er, nach einigen Schwierigkeiten, in die Académie Française gewählt. 1736 schon hatte Kronprinz Friedrich von Preußen eine Korrespondenz mit Voltaire begonnen, 1740 kommt er zum erstenmal mit ihm zusammen, 1743 und 1744 trifft Voltaire ihn in Aachen und in Berlin in halboffiziellem Auftrage. Friedrich, seit 1740 König von Preußen, will Voltaire mit allen Mitteln nach Berlin ziehen; 1743 schreibt er seinem Botschafter in Frankreich: »Hier ein Teil eines Briefes von Voltaire, den ich Sie bitte auf abgelegenen Wegen dem Bischof von Mirepoix zukommen zu lassen, ohne daß Sie oder ich bei der Angelegenheit erscheinen. Meine Absicht ist, Voltaire so gründlich mit Frankreich zu entzweien, daß ihm als Möglichkeit nur noch die, zu mir zu kommen, übrigbleibt.«

Daß sich angesichts solchen Erfolgereichtums Neider, Feinde und Verleumder einstellen, ist nicht verwunderlich. Neben Crébillon, seinem literarischen Konkurrenten, der ihm in seiner Funktion als Zensor häufig hinderlich ist, gibt es eine Reihe von Personen, die ohne ihre Angriffe auf Voltaire, und ohne Voltaires haßerfüllte Reaktionen gegen sie, in völlige Vergessenheit geraten wären. Der Jesuit Desfontaines, geboren 1685, der als Dichter versagt und sich aufs Kritisieren verlegt hatte, war wegen einer Kritik in der Bastille gelandet; Voltaire setzte sich für ihn ein und erreichte 1725 seine Entlassung. Desfontaines' Dankbarkeit hält aber nur kurz an. Statt ihm in einer Sache zu helfen, kritisiert er ihn und veröffentlicht einen Brief Voltaires, aus dem Voltaires Aufenthaltsort Cirey hervorgeht, wohin er wegen des auf die »Philosophischen Briefe« folgenden Haftbefehls ausgewichen war. Desfontaines behauptet von Voltaire, er verfasse seine Tragödien ohne Beachtung der Regeln, was gerade zu dieser

Zeit eine besondere Beleidigung für Voltaire ist, und er verbreitet über ihn, er sei aus England verjagt worden, weil er die Engländer angewidert habe. Er nutzt die Fehler in »Elemente der Philosophie Newtons« für einen Angriff auf Voltaire, in dem er Voltaire das Werk als fehlerhafte Fortentwicklung, als senile Kindlichkeit vorwirft, die einem 44jährigen Dichter, der besser daran täte, ab und zu ein Verschen zu schmieden und so mit seinem kleinen Talent Geld zu verdienen, nicht mehr zustehe. Als Antwort, nicht weniger kräftig, verfaßt Voltaire »Le préservatif«, und verewigt Desfontaines in der Komödie »Der Neider«. Desfontaines' Reaktion ist »La Voltairomanie«, in der er sich aller Werke Voltaires annimmt und die Person Voltaires mit erlesenen Beschuldigungen bedenkt. Voltaire mobilisiert seine Freunde d'Argental und Hérault, die mit Drohungen erreichen, daß Desfontaines widerruft. Die »Voltairomanie« will Desfontaines mit dem Dichter Jean-Baptiste Rousseau verfaßt haben, der in Brüssel im Exil saß, wo Voltaire bei einem Besuch seine Eitelkeit verletzte; der Austausch von Verleumdungen zwischen J.-B. Rousseau und Voltaire endete darin, daß Voltaire für die Verlängerung des Exils Rousseaus sorgte, als es aufgehoben zu werden drohte. Bisweilen hatte sich Desfontaines auch mit dem Druckerverleger Jore aus Rouen zusammengetan, der die »Philosophischen Briefe« ohne Genehmigung veröffentlichte, und der einen freundlich und versöhnlich gemeinten Brief Voltaires dazu nutzte, Voltaire vor Gericht zu ziehen.

Das Verleumden war allerdings tägliches Brot zur Zeit Voltaires, und er selber brachte es darin zu einiger Kunst. Schriften, deren Inhalt ihrem Urheber gefährlich werden konnten oder deren Qualität nicht einwandfrei war, veröffentlichte er unter dem Namen anderer; wenn die Schauspieler der Comédie Française eine seiner Tragödien ablehnen, weil sie sie nicht mögen, dann behauptet er, der Ablehnung läge ein Komplott von Crébillon und Rohan zugrunde; 1759 bekommt der Pater Berthier, Direktor des »Journal de Trévoux«, in dem die in den Augen des Klerus schädlichen Werke aufgezeigt wurden, den »Bericht von der Krankheit, der Beichte, dem Tode und

der Erscheinung des Jesuiten Berthier« zu lesen, gefolgt vom
»Bericht des Bruders Garassise, Neffe des Bruders Garassise,
Nachfolger des Pater Berthier«.

Wie manche Nachrede zutreffend war, wie z. B. der Ausspruch eines Sekretärs des Kanzlers unter der Regentschaft
Aguesseau: »Voltaire muß an einem Ort eingesperrt werden,
wo er weder Feder und Tinte noch Papier hat. Mit seiner Art
Geist kann dieser Mann einen Staat ins Verderben bringen«,
so waren auch nicht alle Feinde Voltaires unbedeutend: Pierre
Louis Moreau de Maupertuis (1698–1759), bereits mit 25 Jahren in der Académie des Sciences, verbreitete als erster, nach
einem Aufenthalt in England 1728, die Ideen der Newton-
schen Erdanziehung, unternahm eine Expedition an den Po-
larkreis, wobei sich seine Vorausberechnungen als korrekt
erwiesen, und folgte 1740 einer Einladung Friedrichs II., der
ihn zum Präsidenten seiner Akademie machte. Bevor Voltaire
nach Berlin kam, war er mit Maupertuis befreundet. Für die
Beschreibung der Physik Newtons in den »Lettres philosophiques« ließ Voltaire sich von ihm unterrichten, Emilie du
Châtelet führte er in die Physik ein. Eitelkeit und Eifersucht
veranlassen beide, an Friedrichs Hof gegeneinander zu intri-
gieren, Famosschriften gegeneinander abzufassen und zu versuchen, einander auszustechen. Der Streit endet mit Voltaires »Schmähschrift des Dr. Akakia, Arzt des Papstes«, in der
er Maupertuis und seine neuesten wissenschaftlichen Beiträ-
ge, z. B. den Vorschlag, zum Tode Verurteilten bei lebendi-
gem Leib das Hirn zu untersuchen, um so den Mechanismus
der Leidenschaften festzustellen, lächerlich macht.

Während Jean-Jacques Rousseau den Menschen zum Natur-
zustand zurückgeführt sehen will, sieht Voltaire das Heil der
Menschheit im Fortschritt und im luxuriösen Überfluß, »einer so wichtigen Sache«; Rousseau haßt das Theater, vor allem das des Voltaire, Voltaire haßt alle Feinde des Theaters,
weil er das Theater als Instrument zur Kultivierung des Menschen ansieht. Rousseau will die Genfer gegen das Theater
Voltaires aufbringen; er unterstellt Voltaire, er habe ihn aus
seiner Heimat ausweisen lassen, während er doch selbst auf
die Bürgerschaft von Genf verzichtet hatte; er weigert sich aus

einer Tasse zu trinken, die Voltaire ihm geschenkt hat, und er flieht 1767 aus Münster, weil Voltaire 1753 dort gewesen war. Das Rousseausche »Ich hasse Sie« steht gegen Voltaires: »Wenn der Hund Diogenes und die Hündin Herostrate ein Kleines hätten, dann wäre es Jean-Jacques.«

Wie sehr derlei Streitereien Voltaire bewegten, zeigt sich am Beispiel eines Wandertheaters, dem er von der Polizei eine Nummer verbieten läßt, in der Hans Wurst, als er krank ist und ›schwitzen‹ soll, als einzig wirksames Mittel, nachdem Prügel und Abführmittel nicht gewirkt haben, den »Tempel des Geschmacks« von Voltaire verabreicht bekommt. Und natürlich verfehlen diese Widrigkeiten nicht ihre Wirkung auf Voltaires Gesundheit: schon immer schmächtig und schwächlich, ständig etliche Pillen und Medikamente mit sich führend, ist er häufig Koliken ausgesetzt; wirklichen, solchen, die ihm die Angriffe seiner Feinde oder mißglückte Premieren verursachen, und solchen, die er zu haben vortäuscht, wenn er jemanden nicht sehen will oder schlecht gelaunt ist. Wenn er ernsthaft krank ist, kann er nur noch dichten. Er beklagt ständig seinen Gesundheitszustand und möchte, daß dem Rechnung getragen wird; wer ihn gesund aussehend findet, macht sich unbeliebt. Von den zahlreichen Ärzten, die er konsultiert, glaubt er am meisten dem, mit dem er zuletzt gesprochen hat; und er interessiert sich lebhaft für die Tropfen und Pillen, die andere Leute nehmen. Einerseits stellt er fest, die Medizin bestehe darin, »Medikamente, die man nicht kennt, in den Körper einzuführen, den man noch weniger kennt«, andererseits zeichnet sich sein Verhalten gegenüber der Medizin durch »selbstverschuldete Unmündigkeit« aus; er liebt es nämlich, sich mit Medikamenten anzufüllen, und er versucht alle Mittel, die in Mode sind, und alle Kräuterweiblein-Rezepte; er nimmt das »Liniment des Pater Aignan«, das »Wasser von Rabel«, den Balsam »aus Varenne«, er nimmt Bäder und macht Kuren mit Molke auf Zimtessenz. Als Abführmittel läßt er sich von einem Scharlatan Schrot verabreichen, weil dies »auch zum Reinigen von Flaschen benutzt« werde. Als besonderen Luxus besitzt er ein Reiseklistier. In Berlin ißt er den ganzen Tag über die Pillen des Herrn Stahl, die allerdings ihre Wirkung verlieren, als Friedrich darauf hinweist, daß Herr Stahl diese Pillen von seinem Kutscher habe herstellen lassen.

Voltaires Genfer Arzt Tronchin stellt fest, eine die überreizten Nerven andauernd angreifende Galle sei ständige Ursache aller seiner Übel. Sobald Voltaire aber ein Ziel hat für seinen Haß und seine Hitzigkeit, seien es seine Feinde, seien es Ereignisse, die seinen Ideen zuwider sind, wie z. B. die Willkür der Vertreter der Kirche und der von ihnen ausgehende Fanatismus, dann ist er von seinen Koliken befreit.

Fanatismus kennzeichnet auch die Justiz, die im 18. Jahrhundert noch mittelalterliche Züge trägt, wobei sie vor allem vom Klerus beeinflußt wird. So ließ 1735 Monseigneur de Porrentruy in Colmar einen Schmied zum Enthaupten verurteilen, weil er eine Revision der Statuten seiner Innung gefordert hatte – der normale Straftarif wäre das Abschneiden der Zunge gewesen. Als 1751 der Genfer Saurin, dessen hugenottische Eltern nach Genf ins Exil gegangen waren, wieder ins katholische Frankreich zurück will, rächen sich die Genfer Calvinisten an seiner Familie, indem sie sie für Lappalien schikanieren; die Jesuiten setzen ein Verbot des »Enzyklopädischen Wörterbuchs« von d'Alembert und Diderot durch; die nach der Auflösung der Gesellschaft Jesu an die Macht kommenden Jansenisten lassen die Ansicht hören, man solle nicht Bücher, sondern besser gleich die Autoren verbrennen. Von Voltaires Reaktion darauf ist noch zu reden.

1750 folgt Voltaire der Einladung Friedrichs II. Am 21. Juli trifft er in Potsdam ein; an Friedrichs Hof sieht er Maupertuis, LaMettrie, d'Argens, Darget und Chasot. Seine Haupttätigkeit besteht darin, Friedrich zu unterhalten und seine literarischen Produktionen zu korrigieren. Das zunächst freundschaftliche Verhältnis wird zunehmend vergiftet: 1751 trägt LaMettrie Voltaire Friedrichs Ausspruch von der Apfelsine zu, die man ausdrücke, bevor man ihre Schalen wegwerfe. Voltaire spricht von Friedrichs schmutziger Wäsche, die er zu waschen bekomme. 1752 kommt es zur Affäre Voltaire–Hirschel: Der Spekulant Hirschel schlägt Voltaire vor, für ihn in Dresden sächsische Steuerscheine zu kaufen, für die an preußische Besitzer der volle Nominalwert nebst Zinsen ausgezahlt werden mußten gemäß einem Vertrag von 1745. 1748 hatte Friedrich II. jede Spekulation und jede gewinnsüchtige Transaktion mit diesen Scheinen verboten. Voltaire stellt einen Wechsel über 40000 Livres aus, überlegt es sich dann anders und läßt den Wechsel sperren; Hirschel rückt den Wechsel aber nicht mehr heraus, Friedrich erfährt von der Angelegenheit, es kommt zum Prozeß, Voltaire fällt bei Friedrich in Ungnade. Daneben entstehen die Feindseligkeiten zwischen Voltaire und Maupertuis, der den inzwischen dazugekommenen LaBeaumelle für seine Zwecke einsetzt. 1753 kann Voltaire, nachdem Friedrich II. sein Gesuch mehrmals abgelehnt hatte, Berlin verlassen. Nach Aufenthalten in Leipzig und Gotha wird er im Juni in Frankfurt von Friedrichs Gesandtem, Freytag, gewaltsam festgehalten. Erst Ende Juli kann Voltaire Frankfurt verlassen und zum pfälzischen Kurfürsten fahren, wo er glänzende Aufnahme findet. Die Erlaubnis, nach Paris zurückzukehren, bleibt ihm verwehrt. Nach Aufenthalten in Colmar, Senones und in den Bädern von Plombières kommt er Ende 1754 nach Genf, wo er 1755 für 87000 Livres das Anwesen »Les Délices« kauft. 1758 erwirbt er die Grafschaft Tournay, den Titel eingeschlossen, und das Gut Ferney, wo er sich fest niederlassen wird; beide Güter sind in der Nähe von Genf in Gex auf französischem Boden.

Immer in der Hoffnung, nach Paris zurückkehren zu dürfen, was man ihm aber nicht vor 1778 genehmigen wird, bleibt Voltaire in Ferney. Er empfängt zahlreiche Freunde und Gäste, adoptiert eine Nichte Corneilles, für die er einen Mann sucht und findet, und er beginnt sich für die Bedürftigen und Unterdrückten einzusetzen. Neben allerhand Wohltaten, die er den Bauern von Ferney erweist oder für sie erwirkt, sind vor allem die Fälle Calas und Sirven bemerkenswert. Nachdem er den Selbstmord seines Sohnes Marc-Antoine verheimlicht hatte, weil das Schande über seine Familie gebracht hätte, wurde der Hugenotte Calas in Toulouse vors Gericht gezogen und angeklagt, seinen Sohn getötet zu haben, weil dieser katholisch habe werden wollen. Die Masse schrie nach dem Henker, und auch der Magistrat der Stadt ließ sich fanatisieren, denn es gehe hier um die Sache der Religion. Nach einem unfairen Prozeß wurde Calas 1761 gerädert und verbrannt. Als Voltaire, nach der Vollstreckung des Urteils, davon hört, macht er die Affäre zur seinen und nimmt all die Untersuchungen vor, die Sache des Gerichts hätten sein müssen. Nachdem er sich von Calas' Unschuld überzeugt hat, setzt er alles in Bewegung, um das Urteil aufheben zu lassen, was ihm 1764 schließlich gelingt. Desgleichen nahm er sich des Falles Sirven an. Die geistig gestörte Tochter des hugenottischen Geometers Sirven aus der Gegend von Mazamet wurde, weil es zum guten Ton gehörte, sich um verlorene Seelen zu kümmern, nach einem Hinweis der Schwester des zuständigen Bischofs in ein Kloster gesperrt, wo sie gänzlich geisteskrank wurde. Weil das dann wohl nichts mehr für die Klosterdamen war, gaben sie die Tochter wieder zurück. Einige Zeit darauf wurde sie tot im Wald gefunden, wobei nichts auf einen Mord schließen ließ. Die Klosterdamen verbreiteten aber, Sirven habe seine Tochter umgebracht, weil sie katholisch habe werden wollen, denn Sirven hatte sie vorher beschuldigt, seine Tochter vollends verrückt gemacht zu haben. Die Familie Sirven kann vor der Anklageerhebung fliehen, die Eltern Sirven werden nur im Bildnis gehängt.

Voltaire läßt sich hier vom Schicksal einzelner rühren, während er sonst voller Verachtung ist für die breite Masse, und es ist ihm an der Aufhebung der ungerechten Urteile gelegen. Wichtiger ist ihm aber noch, an Hand von einzelnen Beispielen darzustellen, daß das Strafrecht reformbedürftig ist und daß gerechte Strafen auf das unbedingt notwendige Maß beschränkt werden sollten, so wie es Beccaria-Bonesana in seinem »Traktat über die Verbrechen und Strafen« 1764 darstellt.

Bei all dem ist Voltaire literarisch weiterhin produktiv, allerdings muß er Enttäuschungen erleben. Sein Theater begeistert nicht mehr, niemand weint mehr bei seinen Stücken. 1764 bleibt das Pariser Publikum bei »Olimpie« unbeweglich, dasselbe kurz darauf bei »Das Triumvirat«, obwohl die von Voltaire finanzierte und von seinem Freund und Anhänger La Morlière angeheuerte und organisierte Jubelbande mit Faust,

Stock und Stimme das Publikum zur Begeisterung zu bewegen versucht – übrigens eine durchaus normale Strategie, die bereits Molière in »Les précieuses ridicules« beschreibt –: Voltaires literarischer Geschmack ist der von 1730 geblieben, während sich die Bedürfnisse des Publikums gewandelt haben. Dasselbe gilt auch für sein Äußeres; der Fürst de Ligne beschreibt 1764 an Voltaire den Kleidungsstil von 1725 und eine Perücke im Stil der Régence, während man nun doch eine Bandschleife trage. – Beim Verfassen des »Kommentars zu Corneille« entdeckt Voltaire Corneille wieder und setzt sich kritisch mit ihm auseinander, so daß er 1763 zu dem Schluß kommt, über dem Kommentieren von Corneille ein Anhänger Racines zu werden – und dieses Bevorzugen Racines, der sich weniger an die Regeln hielt als Corneille, verhält sich, wenn auch weit entfernt, parallel zu seiner Verachtung für Chapelain, der im 17. Jahrhundert ein Drama streng nach Regeln und völlig geistlos verfaßt hatte, und den Voltaire, gemäß seiner rhetorischen Frage, wozu denn Regelmäßigkeit ohne Genie diene, bereits in den »Philosophischen Briefen« als einen Schandfleck der Nation bezeichnet hatte. Auch in anderem blieb Voltaire seinen frühen Meinungen treu, so hat er seine schon in den »Philosophischen Briefen« gemachte Feststellung, man erkaufe bei Rabelais eine gute Erzählung von zwei Seiten mit Bänden von Dummheiten, zu praktischer Anwendung kommen lassen: aus den Rabelaisexemplaren in Voltaires Bibliothek ist ein Großteil der Seiten herausgeschnitten. Ähnlich konstant, und deutlicher ausgedrückt, ist sein Verhältnis zum Theater Shakespeares. Shakespeare war für ihn ein »Stern in der Nacht der Barbarei«, »er hatte ein Genie voll Kraft und Fruchtbarkeit, Natürlichkeit und Erhabenheit, ohne den geringsten Funken guten Geschmacks und ohne die mindeste Kenntnis der Regeln«, dabei sei es in den Künsten »besser, nichts zu haben als ein paar Schönheiten in einer Masse von kapitalen Fehlern«. Zur Zeit der »Philosophischen Briefe« war Shakespeares Theater in Frankreich so gut wie unbekannt, und Voltaires Parteinahme für die Engländer war skandalös. Vierzig Jahre später hat sich die Situation gewandelt, Voltaire ist noch immer skeptisch gegenüber Shakespeare; das Publikum fängt an, Gefallen daran zu finden, der klassische Geschmack führt ihm nur noch die Literatur vor, die seinen Großvätern Vergnügen verschafft hat. Voltaire steht am Beginn einer Entwicklung, wenn er sich 1733 vom »Mohr von Venedig« abgestoßen zeigt, und Stendhal 1822 an ihrem Ende, wenn er in »Racine und Shakespeare« feststellt: »Es ist interessant, es ist *schön*, Othello, so verliebt im ersten Akt, im fünften Akt seine Frau töten zu sehen. Wenn diese Veränderung binnen 36 Stunden eintritt, ist sie absurd, und ich verachte Othello.« Hier ist vielleicht Gelegenheit, Voltaire zur Funktion des Theaters und zu einem weiteren Aspekt seines Geschmacks zu zitieren: »Wenn Anstand darin herrscht und die Kunst ihrer Vollendung nahekommt, dann wird das Theater zum glanzvollsten Teil der Literatur. Es ist Schule der Jugend, unterhält den Geschmack des reifen Alters und zieht Freunde in einen Staat.« »Fast alle gebildeten Völker Europas spürten... ein Bedürfnis nach der Kunst des Theaters, die die Bürger versammelt, ihre Sitten besänftigt, und die mit dem Vergnügen zur Moral führt. Die Spanier näherten sich ein wenig den Italienern an; aber es gelang ihnen nicht, ein regelmäßiges Werk zu verfassen. Es gab ein Theater in England, aber das war noch wilder; Shakespeare gab diesem Theater seinen Ruf am Ende des 16. Jahrhunderts. Sein Genie tauchte in der Mitte der Barbarei auf, wie Lope de Vega in Spanien. Es ist schade, daß es so viel mehr Barbarei als Genie in den Werken Shakespeares gibt. Warum sind ganze Szenen des »Pastor Fido« in Stockholm und in Petersburg auswendig bekannt? Weil das Gute von allen Völkern gesucht wird. Ein Volk mit Tragödien, Bildern und Musik, die allein nach seinem Geschmack sind und allen anderen gesitteten Völkern zuwider, könnte sich niemals schmeicheln, teilzuhaben am guten Geschmack.« Er stellt Ariost über Homer: »Beide haben dieselben Fehler: das Unmaß der Phantasie und das Unglaubliche und Romanhafte. Ariost hat diesen Fehler ausgeglichen mit so wahren Allegorien, so feinen Satiren, einer so tiefen Kenntnis des menschlichen Herzens, der Anmut des Komischen..., schließlich mit so unzähligen Schönheiten jeder Art, daß er das Geheimnis gefunden hat, ein bewundernswertes Monster zu verfertigen.« Gegenüber Boswell resümiert er die englische Komödie mit »viel Geist, viel Intrige, viel Bordell«.

Trotz dieser Sicherheit im literarischen Urteil unterzog Voltaire eigene Werke häufig einer Kritik, der er sich zumeist auch beugte. Seinen »Oedipe« korrigiert er entsprechend den Bemerkungen seiner Zuhörer im temple, und für die Schauspieler macht er ihn noch modisch lieblich. Die ausgepfiffene Tragödie »Artemire« schreibt er um, »Brutus« wird mit Veränderungen und der Hilfe einer guten Darstellerin zuletzt ein Erfolg, bei den Aufführungen von »Zaïre« beobachtet er laufend die Reaktionen des Publikums.

1778 endlich erhält Voltaire die Erlaubnis, nach Paris zurückzukehren; am 10. Februar kommt er an, am 11. empfängt er 300 Besucher. Sein Gesundheitszustand ist schwankend, häufig muß er das Bett hüten. Der 30. März wird der Tag seines Triumphes: Er wird in der Académie geehrt, die Aufführung seiner Tragödie »Irène« ist großartig, das Volk bejubelt ihn. Einige Wochen später wird er wieder schwer krank, am 30. Mai stirbt er. Obwohl er schon im März einen Widerruf seiner Werke unterzeichnet hatte und sich Absolution hatte erteilen lassen aus Angst, auf den Schindanger geworfen zu werden, weigert sich der Pariser Klerus, ihn beizusetzen. Also wird sein Leichnam in der selben Nacht noch seziert, einbalsamiert und in die Abtei von Seillières in der Champagne überführt und dort beigesetzt. Sein Hirn behält der sezierende Arzt, weil er es so bemerkenswert groß findet, sein Herz kommt nach Ferney. 1791 werden seine sterblichen Reste ins Pantheon überführt; 1814 stehlen royalistische Gegner der Revolution den Leichnam Voltaires aus dem Pantheon und verscharren ihn irgendwo bei der Seine.

An Voltaires Geschichtswerk ist seine für seine Zeit ungewohnte Geschichtsauffassung interessant. Während Rousseau seinen »Diskurs über die Ursprünge und Gründe der Ungleichheit unter den Menschen« mit dem Ausschluß der Tatsachen beginnen läßt, kümmert Voltaire sich als erstes gerade darum. So gründet sich das »Jahrhundert Louis' XIV.«

vor allem auf nachgewiesene Tatsachen; bei einem umfassenderen Werk wie dem »Versuch über die allgemeine Geschichte und über die Sitten und den Geist der Völker von Karl dem Großen bis zu unseren Tagen« hören anfänglich unternommene Erkundigungen angesichts des zu verarbeitenden Materials natürlich auf, wie z. B. ein Brief an den Grafen Holmstein mit der Bitte, festzustellen, ob auf dem Bodenstück einer in Amberg in der Oberpfalz befindlichen Kanone die Zahl 1301 eingeritzt sei, wie es in einem Geschichtsbuch stehe, oder ob es sich um einen Irrtum handle, was naheliege, sei Amberg doch erst 1326 befestigt worden. Voltaire schreibt seine Geschichte nicht als Stubengelehrter, sondern als Mann von Welt, der gelebt hat, der Geschäfte zu führen versteht und der schon in der Diplomatie zu tun hatte. Was ihm unwahrscheinlich erscheint, wie z. B. die Ausführungen des Jesuiten Petau, der für Noahs einzigen Sohn 623 Milliarden männliche Nachkommen ausrechnet, weist er in das Reich der Fabel. Seine allerdings recht weit gespannte Wahrscheinlichkeits-Methode gründet er auf die Natur des Menschen, »deren Grund überall der gleiche ist«, und darauf, daß »was nicht in der Natur ist, niemals wahr ist« – wobei er die Sitten des ihm zeitgenössischen Europa als die menschliche Natur nimmt. Bei seinen Forschungen stützt er sich fast nur auf Geschriebenes, kaum auf greifbar vorhandenes Beweismaterial – und wenn, dann an Hand gedruckter Zeugnisse. Die kleinlichen Gewöhnlichkeiten der Gelehrsamkeit lehnt er ab, so etwas überläßt er lieber, wie er es schon in den »Philosophischen Briefen« sagt, einem gebildeten Benediktiner. »So gewinnt man Zeit. Es ist nicht einmal mehr unabdinglich, alle Bücher zu lesen. Der Geschichte schreibende Ehrenmann hat es eilig. Vor allem ein Voltaire, mit zwanzig Angelegenheiten auf einmal beschäftigt, kann sich nicht den Verzögerungen der gelehrten Studien überlassen, wenn auch sein Charakter eine Neigung dazu hat. Er setzt sich dem Risiko des Übereilten aus und liefert damit der Kritik ihre Ansatzpunkte« (René Pomeau). Und wie auch schon in den »Philosophischen Briefen« arrangiert er ein wenig die Ereignisse nach seinem Geschmack: In Mézerays »Geschichte von Frankreich« (1643)

findet sich die Vermutung, Heinrich V. von England sei am vom Mutterkorn verursachten kalten Brand, dem sogenannten Antonius-Feuer, gestorben, weil er sich auf den »geheiligten Thron unserer Könige« gesetzt hatte. Voltaire markiert die Stelle mit »schöne Bemerkung« und läßt Henry V. in seiner Geschichte an Hämorrhoiden sterben. Woanders läßt er seine Aversion gegen die Juden zur Geltung kommen, indem er mit stilistischen Mitteln den Eindruck erweckt, es handele sich vor allem um abergläubische Götzendiener.

Neben diesen Einzelaspekten ist die im Werk insgesamt verfolgte Absicht wichtig: Es geht Voltaire darum, Mythos und Geschichte zu trennen und die geschichtlichen Fakten nicht mehr einer in der Religion begründeten geschichtlichen »Wahrheit« unterzuordnen. Voltaires »Versuch« ist antichristlich und entmythologisierend. Er folgt hier dem fundamentalen Prinzip: »Die die Menschen aufklären, sind ihre wahren Wohltäter.« Was sich ereignet, findet seine Ursache nicht mehr im Willen Gottes, sondern im Verhalten, in der Veranlagung und der Natur des Menschen; das Prinzip der Erklärung wird erklärbar. Gleichzeitig läßt Voltaire ab von der bis dahin üblichen Ereignisgeschichte: »In der Masse der Ereignisse soll der Blick auf jene gelenkt werden, die ihren Ursprung in Sitten und Geist der Zeit haben«, wobei wirtschaftlichen Faktoren eine wichtige Stellung eingeräumt wird.

In seinen Dramen und Erzählungen hat Voltaire aus seinem »Versuch« geschöpft, so wie die geschichtlichen Anspielungen in den Erzählungen im »Versuch« ihre Erklärung finden; er nimmt in seinen Erzählungen auf Personen und Ereignisse, Buchveröffentlichungen, neue Theorien seiner Zeit verschlüsselt oder offen Bezug, er hat Erlebnisse des eigenen Lebens eingebaut, in den Werken anderer geäußerte Ideen und Ansichten einer rüden Wirklichkeit gegenübergestellt, um sie so als abwegig darzustellen. Die Erzählungen stehen in Zusammenhang mit Erlebnissen Voltaires zur Zeit ihrer Niederschrift, mit den Büchern, die er nebenher geschrieben oder veröffentlicht hat, und mit der Stimmung, die zu dieser Zeit Voltaire bewegt; damit erhalten seine Erzählungen in etwa den Wert eines Spiegels der geistigen Auseinandersetzungen ihres Autors. Schnell geschrieben, bleiben in ihnen die exakte Gelehrsamkeit und Logik hinter der Geschwindigkeit und Wechselhaftigkeit der Bewegung zurück. Das erklärt sich auch dadurch, daß die Form der Erzählung, des Romans, zur Zeit Voltaires in den unteren Rängen der literarischen Wertskala rangierte, weshalb er denn auch »Candide« einen trivialen Scherz nannte. Bei der Suche nach einer Form hatte er nicht lange zu suchen: Zur Zeit »Zadigs« lagen sehr viele orientalische Erzählungen vor, »Candide« ist nach dem Vorbild der gängigen Abenteuerromane aufgebaut, »Micromegas« ähnelt Swifts »Gulliver« – doch statt gelehrter Abhandlungen sollte man besser die Geschichten selber lesen.

Voltaire ist Philosoph im Sinne seiner Zeit, so, wie d'Alembert es in der Enzyklopädie darstellt. Philosophie umfaßt eine Reihe inzwischen selbständig gewordener Naturwissenschaften, wie Physik, Biologie, Chemie usw., die Geisteswissenschaften und die Schriftstellerei. Als Feind von Fanatismus, Intoleranz und Unmenschlichkeit interessiert er sich mehr für den praktischen Aspekt: welchen Zweck hat eine Idee und wie ist sie verwendbar; die Philosophie wird der Moral untergeordnet. »Das Wohl der Gesellschaft erfordert, daß der Mensch glaubt, frei zu sein, und wenn der Fatalismus wahr wäre, wollte ich solch eine grausame Wahrheit nicht.« Die Idee von der Unsterblichkeit der Seele ist, wie die vom freien Willen, wichtig für die Moral, ebenso ist der Glaube an ein Gericht nach dem Tode im Interesse der Gesellschaft: »Man darf eine dem Menschengeschlecht so nützliche Meinung nicht erschüttern.« Gottesbeweise gibt es so viele, weil sich Gottes Existenz nicht beweisen läßt; Voltaire negiert nicht Gott: »Ich könnte mir nicht vorstellen, daß dieses Uhrwerk besteht und keinen Uhrwerksmeister hätte.« Außerdem hat der Glaube an Gott Sinn: »Wenn Gott nicht existierte, müßte man ihn erfinden.« Er weist d'Holbachs »Système de la nature« zurück und wirft ihm vor, Diderot zum Atheismus gebracht zu haben; der Atheismus nämlich sei, genauso wie der Fanatismus, der menschlichen Gesellschaft schädlich. Tugend ohne Gott erfordere eine Erhabenheit der Intelligenz und eine seelische Kraft, an denen nur eine Minderheit teilhaben könne. Seinem Spott auf die bei jeder Gelegenheit Systeme einführenden Philosophen und seiner Abneigung gegenüber der Metaphysik verwandt ist sein Bewußtsein von der Begrenztheit des menschlichen Verstandes. Wie er selber kein eigenes System entwickelt hat, ist ihm jedes allumfassende System suspekt. Er rühmt in Newton das Genie und zugleich die selbsteingestandene Unkenntnis, und er schätzt die Philosophen, die sich bescheiden an die Resultate ihrer Beobachtungen und Erfahrungen halten, und die dem nicht ihre Träume und Vorstellungen überordnen: Gassendi, Fontenelle, Bayle, Bacon, Locke, Newton. Der Rest seien Traumtänzer und Scharlatane: Plato, Descartes, Spinoza und Leibniz hätten allenfalls interessante Romane geschrieben.

In seinem philosophischen Vorgehen benutzt Voltaire diverse Ideen, die er für seine Ziele einsetzt: die cartesianische Methode der Analyse und das deduktive Überlegen, den methodischen Zweifel und das Bemühen um Klarheit und Genauigkeit geistiger Vorgänge. Ebenso aus der französischen klassischen Tradition stammt die Anwendung einer rationalistischen Kritik auf gesellschaftliche und religiöse Einrichtungen, die »raison universelle« wird für die Angelegenheiten der Menschen instrumental eingesetzt. Von Fontenelle hat er das Vertrauen in den Fortschritt und den zu allerletzt optimistischen Ausblick auf die Zukunft der Menschen; den Glauben an die Möglichkeit eines Fortschritts durch Philosophie und Wissenschaft hat Voltaire eigentlich nie verloren. Von den »libertins« des 17. Jahrhunderts und der Gesellschaft des »temple« her rührte sein Geist religiöser Skepsis, der sich mit lässiger Moral und mit Witz und Bildung verband. Welchen Einfluß sein Aufenthalt in England auf ihn hatte, zeigen die »Philosophischen Briefe«: Er wird Anhänger von Newton und bewundert die Vorstellung, daß das ganze Universum vom einen Gesetz der Anziehungskraft zusammengehalten wird, und den Geist, der in der Lage war, das zu erfassen. Die englischen Deisten, deren Ideen er für sich übernimmt, lieferten ein ganzes Arsenal von Angriffsmöglichkeiten gegen den Klerus: Woolston, Tindal, Peter Annet, Middleton, Collins,

Im Jahre 1689, am 15. Juli abends, ging der Abbé de Kerkabon, Prior von Notre-Dame vom Berge, mit Fräulein de Kerkabon, seiner Schwester, am Meeresrand spazieren, um frische Luft zu schnappen. Der Prior, schon ein wenig im Alter, war ein sehr guter Kleriker, geliebt von seinen Nachbarn, nachdem er es von seinen Nachbarinnen gewesen war. Was ihm vor allem großes Ansehen eingebracht hatte ist, daß er der einzige Nutznießer des Landes war, den man nicht ins Bett tragen mußte, wenn er mit seinen Ordensbrüdern soupiert hatte. Er kannte ganz anständig die Theologie; und wenn er es müde war, St. Augustin zu lesen, amüsierte er sich mit Rabelais: So sprachen alle Leute gut von ihm.«

Voltaire war nicht Konstrukteur philosophischer Gebäude, er war Handarbeiter der Philosophie und Verbreiter philosophischer Gedanken, sein Schreiben war Handlung, er schrieb, um zu handeln. Das Fehlen eines Systems hat zur Wirkung, daß man sich weniger mit seinen Ideen selber als mit der Art und Weise seines Schreibens auseinandergesetzt hat, einer Art und Weise, die ihm seine Aktualität und vielleicht auch Notwendigkeit erhalten hat. Zu »Candide« schreibt Mme de Staël: »Dieses Werk ist von einer höllischen Fröhlichkeit: denn es scheint von einem Wesen von anderer Natur als der unseren geschrieben: gleichgültig gegenüber unserem Schicksal, zufrieden mit unseren Leiden, und lachend wie ein Dämon oder wie ein Affe über das Elend dieser Sorte Menschen, mit der er nichts gemein hat.« Alexander Herzen befindet: »Das Lachen trägt in sich etwas Revolutionäres... Das Lachen Voltaires hat mehr zerstört als die Tränen Rousseaus.« In einem seiner Romane stellt Stendhal beiläufig fest, seit Voltaire scheine die französische Kirche begriffen zu haben, daß die Bücher ihre wahren Feinde sind. Renan urteilt: »Voltaire hat den geschichtlichen Studien mehr Unrecht getan als eine barbarische Invasion; mit seiner geistvollen Leichtheit und seiner täuschenden Gefälligkeit hat er die Benediktiner entmutigt.« In »Menschliches, Allzumenschliches« schreibt Nietzsche: »Voltaire war der letzte große Dramatiker, welcher seine vielgestaltige, auch den größten tragischen Gewitterstürmen gewachsene Seele durch griechisches Maß bändigte –

er vermochte das, was noch kein Deutscher vermochte, weil die Natur des Franzosen der griechischen viel verwandter ist als die Natur des Deutschen –; wie er auch der letzte große Schriftsteller war, der in der Behandlung der Prosa-Rede griechisches Ohr, griechische Künstlergewissenhaftigkeit, griechische Schlichtheit und Anmut hatte; ja wie er einer der letzten Menschen gewesen ist, welche die höchste Freiheit des Geistes und eine schlechterdings unrevolutionäre Gesinnung in sich vereinigen können, ohne inkonsequent und feige zu sein. Seitdem ist der moderne Geist mit seiner Unruhe, seinem Haß gegen Maß und Schranke, auf allen Gebieten zur Herrschaft gekommen.«

Schopenhauer schreibt: »Was diesen großen Mann, den ich, den Schmähungen feiler deutscher Tintenkleckser gegenüber, so gerne lobe, entschieden höher als Rousseau stellt, in dem es die größere Tiefe seines Denkens bezeugt, sind drei Einsichten, zu denen er gelangt war: 1) die von der überwiegenden Größe des Übels und vom Jammer des Daseins, davon er tief durchdrungen ist; 2) die von der strengen Nezessität der Willensakte; 3) von der Wahrheit des Lockeschen Satzes, das möglicherweise das Denken auch materiell sein könnte; während Rousseau alles dieses durch Deklamationen bestreitet, in seiner ›Profession de foi du vicaire Savoyard‹, einer flachen protestantischen Pastorenphilosophie.« Paul Valéry schreibt ein »Hommage à Voltaire«, Baudelaire langweilt sich in Frankreich, »vor allem, weil dort alle Welt Voltaire ähnelt«. Schließlich urteilt Flaubert: »Wenn wir moralisch und politisch so tief stehen, dann, weil man, statt dem großen Weg des Herrn de Voltaire zu folgen, d. h. dem der Gerechtigkeit und des Rechts, die Pfade Rousseaus genommen hat, die uns mit dem Gefühl zum Katholizismus zurückgeführt haben. Wenn man sich um die Gerechtigkeit, und nicht um die Brüderlichkeit gekümmert hätte, stünden wir hoch… Sein gesamter Verstand war eine Kriegsmaschine. Und was mich ihn schätzen macht ist der Widerwille, den mir die Voltairianer eingeben, Leute, die über die großen Dinge lachen! Hat er denn gelacht? Er knirschte mit den Zähnen!«

BILDTEIL
PARIS

1 Blick auf Versailles. (Darst. von N. Poilly nach A. Perette)

PARIS

40

2 *Blick auf Paris. (Zeichnung und Stich von Aneline)*
3 *Ludwig XIV. (Stich von Edelinck nach Jean de la Haye)*

CEREMONIES OBSERVÉES A PARIS POUR L'ERECTION DE LA STATUE EQUESTRE DE LOUIS LE GRAND ELEVÉE EN L'HONNEUR

ALMANACH POUR L'AN   DE GRACE M.DCC.

4 *Almanach auf das Jahr 1700: »Bei der
Errichtung der Reiterstatue Ludwigs des
Großen am 13. August 1699 beobachtete
Zeremonien.« Feuerwerk, Kampf der
Seeleute und eine Bilderausstellung in der
Galerie des Louvre.*
5 *»Die betrübte Bürgersfrau und der
frohlockende Mann.« Erlaß wider den
Luxus. (Stich von Guerard)*

6 Landleute (Stich von Bonnart)
7 »Scharlatan Zahnarzt« (Stich von
Bonnart)
8 Die moderne Beschäftigung: Schnupf-
tabak. (Stich von Guerard)

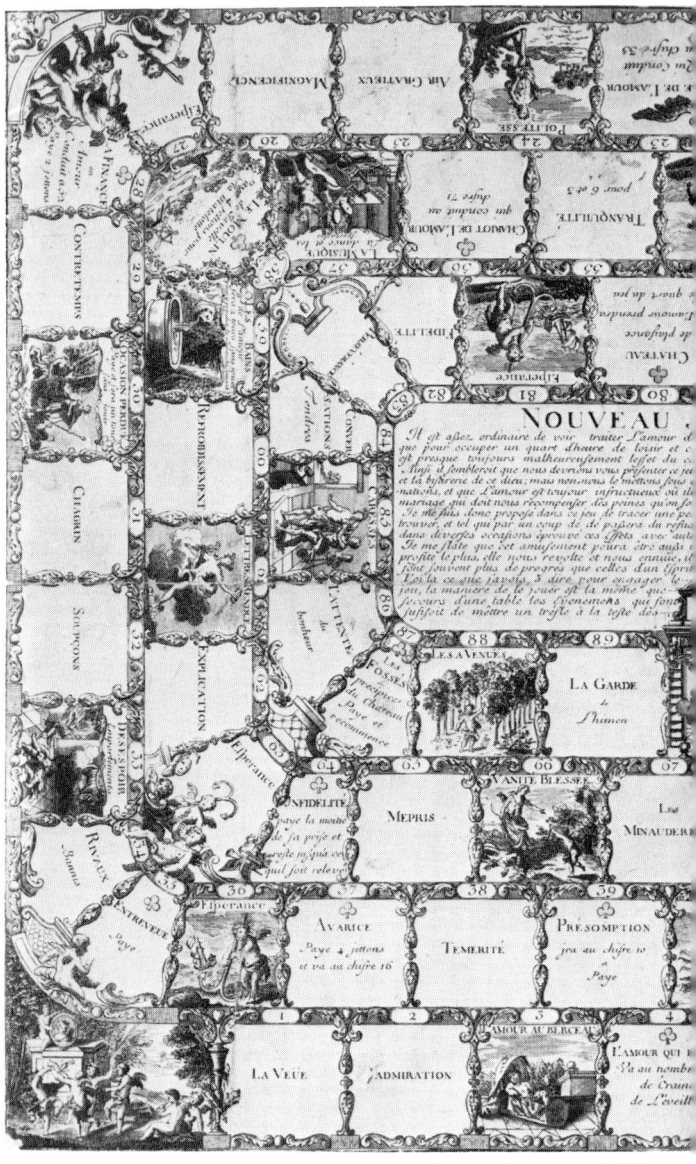

NOUVEAU

Il est assez ordinaire de voir traiter l'amour d...
que pour occuper un quart d'heure de loisir et c...
est presque toujours malheureusement laissé du c...
Ainsi il sembleroit que nous devrions vous presenter ce je...
et la bus鬼erie de ce dieu; mais nennous le mettons sous c...
matiere, et que l'amour est toujour infructueux si le...
mariage qui doit nous recompenser des peines qu'on fo...
Je me suis donc proposé dans ce jeu de tracer une ve...
trouver, et tel qui par un coup de dé de passera da refu...
dans diverses occasions éprouve ces effets avec aut...
Je me flate que cet amusement pourra etre aussi...
profite le plus, elle pourra revolte et nous ennuie, il...
sont souvent plus de progres que celles d'un esprit...
Voila ce que j'avois à dire pour engager les...
jeu, la maniere de le jouer est la meme; qu...
toujours d'une table les evenemens qui font...
suffisoit de mettre un trefle à la teste des...

LES AVENUE

LA GARDE
de
l'hymen

FOSSES
precipices
du Chateau
Prise et
recommence

VANITÉ BLESSÉE

INFIDELITÉ
paye la moitie
de sa prise et
reste jusqu'à ce
qui soit relevé

MEPRIS

LES
MINAUDERI

AVARICE
Paye 4 jettons
et va au chifre 16

TEMERITÉ

PRESOMPTION
va au chifre 10
Paye

1 LA VEÜE

2 L'ADMIRATION

3 L'AMOUR AU BERCEAU

4 L'AMOUR QUI
va au nombre
de trans...
de l'oeill...

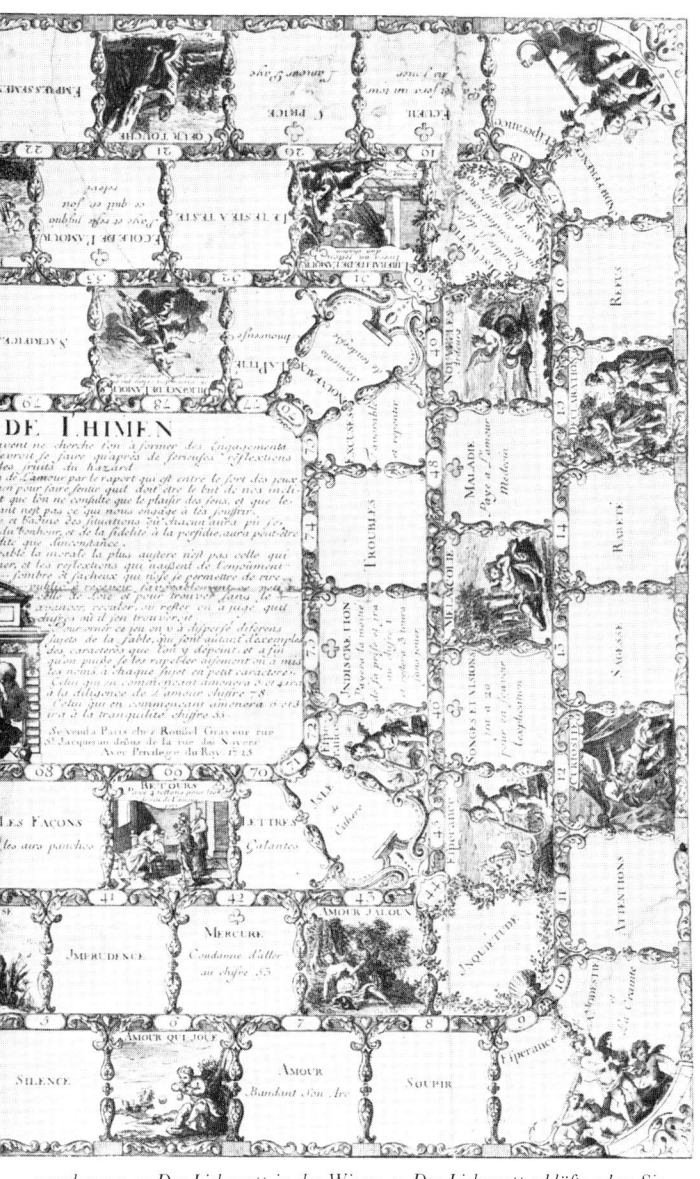

wunderung; 3: Der Liebesgott in der Wiege; 4: Der Liebesgott schläft; gehen Sie aus Furcht, ihn zu wecken, auf 5

*10 »Der Fall der Freudenmädchen, in Angriff genommen von den Steuerpächtern
und -einnehmern«*

In the oval frame, around the portrait: NINON DE LENCLOS

On the pedestal:

Die weiß und fröhliche Natur
Verband in Ninons edlem Herzen
Die Jugend mit der Wollust Scherzen
Den Cato mit dem Epikur.

11 Ninon de Lenclos (1614–1704) hinter-
ließ dem jungen Voltaire 1000 Francs,
damit man ihm Bücher besorge. (Stich
von J. N. Bernigeroth 1755)

12 Darstellung der Dekoration für die Tragödien des Jesuitenkollegs Louis-le-Grand, das Voltaire von 1704 bis 1711 besuchte, und wo er seine literarische Ausbildung erhielt und sich mit den ihm später sehr hilfreichen Schulkameraden d'Argenson, Richelieu und Fyot de la Marche anfreundete.
13 Pater Porée (1676–1741), der von Voltaire verehrte Lehrer von Louis-le-Grand (Stich von Balechov nach Neilson)
14 Abbé d'Olivet (1682–1768) im Alter von 43 Jahren. Voltaires Präfekt in Louis-le-Grand und später sein Kollege in der Académie Française. (Stich von LeVarseur nach Restout)

15 »Während die Hirten sich streiten, reißen die Wölfe die Lämmer« Zeitgenössische Karikatur auf die Bulle ›Unigenitus‹, die 1713 von Klemens XI. auf Betreiben Ludwigs XIV. gegen die Jansenisten, insbesondere gegen den Oratorianer Quesnel erlassen war.

16 *Philippe d'Orléans (1674–1723) trat nach dem Tod Ludwigs XIV. 1715 die Regentschaft an. Nach der Aufführung des »Oedipe« erhielt Voltaire 1718 eine Rente von ihm, obwohl Voltaire gerade erst aus der Bastille entlassen worden war, in die man ihn wegen seiner Verse auf den Regenten gesteckt hatte. (Stich von Voyer nach Monnet 1771)*

17 *Allegorie auf das System Law, dem zufolge die Geldknappheit per Geld- und Aktiendruck behoben werden sollte, was 1720 zum Staatsbankrott führte.*

18 François de Salignac de la Mothe-Fénélon (1651–1715), Schüler Bossuets, Pro-
testantenbekehrer, 1689–95 Erzieher des Thronerben; wird als Verteidiger des
Quietismus von Bossuet angegriffen, wegen seines Erziehungsromans »Télémaque«,
der erst während der Regence offiziell erscheinen durfte, fällt er bei Ludwig XIV.
in Ungnade: Sein idealer Monarch ist nicht despotisch, sondern gebunden an ein
moralisches Gesetz und Feind von Luxus und Krieg. Damit wurde Fénélon als ei-
ner der Vorbereiter der Aufklärung gesehen. (Stich von Jean Fréderic Korn l'ainé
1775)
19 Jean Baptiste Massillon (1663–1742), Kanzelprediger, Oratorianer, gelegentlich
Hofdichter Ludwigs XIV., Fastenprediger des jungen Ludwig XV.; blieb als Pre-
diger hinter seinen Vorbildern Bossuet und Bourdaloue zurück, wurde von Voltai-
re, d'Alembert und Laharpe verehrt. (Stich von Sysang)

*20 Pierre Bayle (1647–1706), Skeptiker, brach mit dem Traditionalismus des 17.
Jahrhunderts, schrieb mit mehr Kühnheit als die meisten Philosophen des 18. Jahrhunderts über philosophische und religiöse Fragen. Geist und Methode seines »Dictionnaire« beeinflußten Voltaire und die Enzyklopädisten. (Stich von P. Sauvart
1774)*
*21 Bernard de Bovier de Fontenelle (1657–1757), seit 1699 ständiger Sekretär der
Académie des sciences. Als Schriftsteller ist er der erste Mittler zwischen den Naturwissenschaften und den Salons. Verbreitete den Glauben an die Wissenschaft und
ihren Fortschritt, mit seiner Kritik an der Tradition war er einer der Wegbereiter
der Aufklärung.*

22 *Charles-Louis de Secondat Baron de la Brède et de Montesquieu (1689–1755).*
Mit seiner Methode, die Wirklichkeit und Verschiedenheit der Länder und Völker
unvoreingenommen zu betrachten, um daran anknüpfend Erklärungen zu suchen,
statt wie seine Vorgänger von apriorischen Ideen oder theologischen Vorstellungen
auszugehen, ist er einer der Begründer des historischen Denkens. Die »Lettres per-
sanes« sind mit ihrer in fiktiver Briefform vorgebrachten Zeitkritik auch Vorbild
für Voltaires »Lettres philosophiques«.
23 *Alain-René Lesage (1668–1747), Verfasser zahlreicher Dramen für Jahrmarkts-*
bühnen und von einigen zumeist an spanischen Vorbildern orientierten Romanen,
von denen vor allem der Schelmenroman »Gil Blas« Lesage als erbarmungslosen
Beobachter der französischen Sitten und Charaktere auszeichnet.

24 Antoine-François Prévost d'Exiles (1696–1763), zu seiner Zeit wegen seiner Übersetzungen der empfindsamen Romane Richardsons beliebt, bekannt vor allem als Autor der »Manon Lescaut« von 1726. (Stich von Will 1746 nach Cechin)
25 Pierre Carlet de Chamblain de Marivaux (1688–1763). Vom Lawschen Bankrott ruiniert, ist er nach anfänglichen literarischen Spielereien zum Schreiben gezwungen und wird zum Verfasser einer Reihe glänzender, neuartiger Komödien, wobei er die klassische Tradition der psychologischen Analyse fortsetzt. Von Voltaire sagte er, dieser »Schelm hat ein Laster mehr als die anderen: er hat gelegentlich Tugenden«. (Stich von Ingouf 1781 nach St. Aubin)

26 Voltaire in der Bastille: für eine Satire auf den Regenten wird er im Mai 1717
für elf Monate eingesperrt. Er nutzt die Zeit zur Niederschrift der Tragödie »Oe-
dipe« und zum Entwurf des Epos »La Ligue«, das später als »Henriade« erschei-
nen wird. (Stich von C. Motte nach Chasselal)
27 Voltaire 24jährig. Er ließ das Gemälde von Nicolas de Largillière für seine
Freundin Suzanne de Livry anfertigen.

OEDIPE. TRAGÉDIE

28 Frontispiz zu »Oedipe«

ŒDIPE,

TRAGÉDIE.

ACTE PREMIER.

SCENE PREMIERE.

PHILOCTETE, DIMAS.

DIMAS.

Philoctète, est-ce vous? quel coup affreux du fort
Dans ces lieux empestés vous fait chercher la mort?
Venez-vous de nos Dieux affronter la colère?
Nul mortel n'ose ici mettre un pied téméraire;
Ces climats sont remplis du céleste couroux,
Et la mort dévorante habite parmi nous.
Thèbe depuis longtems aux horreurs consacrée,
Du reste des vivans semble être séparée:
Retournez. . . .

PHILOCTETE.

Ce séjour convient aux malheureux.
Va, laisse-moi le soin de mes destins affreux,
Et di-moi si des Dieux la colère inhumaine,
En accablant ce peuple, a respecté la Reine?

29 *»Oedipe«, in der Werkausgabe von 1775*

30 Marie-Marguerite-Elisabeth d'Algré, Marquise de Rupelmonde (1688–1752)
machte 1722 mit Voltaire eine Reise nach Brüssel und Holland

31 Jean-Baptiste Rousseau (1670–1741), als Dichter von Voltaire zunächst verehrt und dessen Förderer, was sich ändert, als Voltaire sich lustig macht über seine Verse. Nach Voltaires und Mme de Rupelmondes Besuch in Brüssel, wo Rousseau im Exil war, bei dem sie nicht auf Rousseaus gesellschaftliche Beziehungen angewiesen waren, schreibt er, Voltaire sei mit einer Dame aus dem Personal gekommen. Voltaire bezeichnet ihn als ehemaligen Bediensteten seines Vaters – der Streit entwickelt sich bis zu Rousseaus angeblicher Mitarbeit an der »Voltairomanie«.

NIL ADMIRARI

32 Henry Saint John Viscount Bolingbroke (1678–1751), von Locke beeinflußter Philosoph. Voltaire lernte Bolingbroke in Frankreich kennen und wurde von ihm in die literarischen und politischen Kreise Englands eingeführt. Bolingbrokes philosophischer Einfluß beschränkt sich darauf, daß Voltaire, wenn er etwas besonders Gewagtes vorbringt, sagt, es käme von Lord Bolingbroke.
33 Alexis Piron (1689–1773) beginnt seine Streitereien mit Voltaire 1723, indem er Voltaires bisher schwächstes Stück, Artémire, in einer Jahrmarktskomödie verulkt. (Darst. von Nesle)

LE ROI DU CAFÉ
PAR AUBÉ.
Rue de l'Isly, N°. 17.

Ce Café est reconnu par les vrais amateurs pour être le plus fin et le plus fort de tous ceux qui ont paru jusqu'à ce jour. Étant brulé par un procédé nouveau cela lui donne un Goût et une Force superieure.

34 Voltaire: »Der König des Café.« (Stich von Aubé)

35 Agnès de Prie (1698–1727), Favoritin des duc de Bourbon, Premierminister
unter Louis XV.; Voltaire hat ihr die Einladung zur Hochzeit des Königs mit
Maria Leszczynska 1725 zu verdanken. (Stich von Taylor nach Harding)
36 Ankunft Ludwigs XV. mit Maria Leszczynska in Fontainebleau vor ihrer
Hochzeit.

*37 Die Bastille Anfang des 18. Jahrhunderts. Nachdem er sich 1726 mit dem Che-
valier de Rohan gestritten und von seinen Schergen Prügel bezogen hatte, wurde
Voltaire zum Schutz Rohans von neuem in die Bastille gesperrt, konnte sie aber
kurz darauf wieder verlassen, um sich nach England zu exilieren. (Lithographie
von Fourquemin nach Pernot)*

38 Blick auf London (Stich von Bowles)
39 Georg I. von England, dem Voltaire vorgestellt wurde

Bolingbroke

Sidney

Howell

Swift

Lock

Addison

Atterbury

Shenstone

Gray

Stern

Chesterfield

Johnson

Russel (Rachel)

London. Published as the Act directs by C. Dilly
and the rest of the Proprietors Sept. 30, 1793.

40 *Es ist vor allem die in England viel weiter als in Frankreich entwickelte Philo-*
sophie, die Voltaire während seines Exils in England fasziniert. Er lernt möglichst
schnell Englisch, um am geistigen Leben teilhaben zu können.
Von oben im Uhrzeigersinn: Bolingbroke, Howell, Locke, Herbury, Gray, John-
son, Rachel Russel, Sterne, Chesterfield, Shenstone, Addison, Swift und Sidney,
von denen zur Zeit seines Englandaufenthalts vor allem Locke, Swift und Addison
Voltaire interessierten. Chesterfield besuchte ihn 1741.

41 Jonathan Swift (1667–1745) und Voltaire lernten sich bei Lord Peterborough kennen.
42 John Locke (1632–1704) Hauptvertreter des Empirismus, unterbaute erkennt-
nistheoretische Untersuchungen mit einer psychologischen Theorie des Bewußtseins
und leugnete das Vorhandensein eingeborener Ideen, wie man sie in Frankreich von
Descartes her kannte. »Nichts ist im Verstand, was nicht vorher von den Sinnen
wahrgenommen worden wäre.« Voltaire eignet sich diese Philosophie für seinen
Kampf gegen die Kirche an. Der Name Locke wird bei ihm zu einer Art Fetisch
für Moderne. (Stich von Tanjé 1754 nach Kneller)

*43 William Congreve (1669–1729) brach als 30jähriger eine glänzende schriftstelle-
rische Laufbahn ab, nachdem seine beste Komödie, »The Way of the World«, keinen Anklang fand und er darüber hinaus heftigen Angriffen von Zeitgenossen ausgesetzt war. Voltaire zeigt sich in seinen »Philosophischen Briefen« enttäuscht von
ihm, weil Congreve nicht sein Selbstwertgefühl als Schriftsteller teilte.*

*44 Alexander Pope (1688–1744), der seit Veröffentlichung seines Heldenepos »The
Rape of the Locke«, das auch Voltaire schätzte, als einer der hervorragendsten englischen Dichter seiner Zeit galt.*

*45 Isaac Newton (1643–1727), den Voltaire nicht mehr kennenlernen konnte. »Die
Italiener, dies geniale Volk, hatten Angst zu denken, die Franzosen haben nur
halb zu denken gewagt, und die Engländer, die bis zum Himmel geflogen sind,
›weil man ihnen nicht die Flügel schnitt‹, sind die Lehrer der Völker geworden.
Wir schulden ihnen alles von den schlichten Gravitationsgesetzen, von der Unend-
lichkeitsrechnung und der bei uns so töricht bekämpften genauen Kenntnis des
Lichts bis zum neuen Pflug und der Pockenimpfung, beides noch immer bekämpft.
– Ode auf den Tod Mme de Bareiths mit einem Brief Voltaires«. Text unter der
Darstellung von Macardel nach einem Portrait von Seeman.*

SIR ISAAC NEWTON

DRAWN AND SCRAPED MDCCLX BY IAMES MACARDEL FROM AN ORIGINAL PORTRAIT
PAINTED BY ENOCH SEEMAN NOW IN THE POSSESSION OF THOMAS HOLLIS F.R.AND A.SS.

LES ITALIENS CES PEVPLES INGÉNIEVX ONT CRAINT DE PENSER LES FRANÇAIS
N ONT OSE PENSER QV'À DEMIE ET LES ANGLAIS QVI ONT VOLE IVSQV'AV CIEL PARCE
QV'ON NE LEVR A POINT COVPE LES AILES SONT DEVENVS LES PRECEPTEVRS DES
NATIONS NOVS LEVR DEVONS TOVT DEPVIS LES LOIX PRIMITIVES DE LA GRAVITA-
TION DEPVIS LE CALCVL DE L'INFINI ET LA CONNAISSANCE PRÉCISE DE LA LV-
MIERE SI VAINEMENT COMBATTVES IVSQV'À LA NOVVELLE CHARVE ET À L'IN-
SERTION DE LA PETITE VÉROLE COMBATTVES ENCORE
ODE SVR LA MORT DE MADAME DE BAREITH AVEC VNE LETTRE PAR MONS DE VOLTAIRE

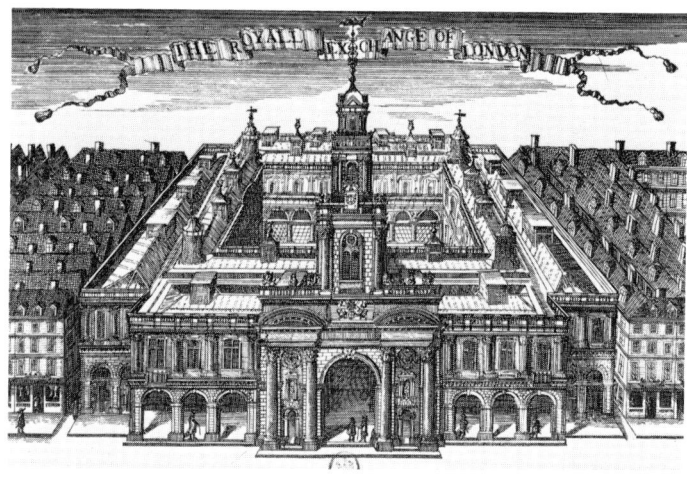

46 »Treten Sie ein in die Londoner Börse, diesen Platz, der so viel respektabler ist
als mancher Hof; Sie sehen dort die Abgesandten aller Völker versammelt zum
Nutzen der Menschen.« Philosophische Briefe

47 House of Commons. »Das englische Volk ist das einzige, dem es gelungen ist, die Macht der Könige durch Widerstand zu regulieren... und das eine Regierungs- form eingerichtet hat,... wo die Herren groß sind ohne Anmaßung und Knechte und wo das Volk ohne Verwirrung an der Regierung teilhat.« Philosophische Brie- fe. (Stich von Cole)

48 Illustration der »Henriade«, die Voltaire mit einer sehr erfolgreichen Subskription in England vertreiben lassen konnte. (Lithographie von Delpech)

49 Heinrich IV. empfängt Voltaire in den elysischen Gefilden

50 Quäker: »Schließlich erhob sich einer von ihnen, lüpfte seinen Hut und leierte nach einigen Grimassen und einigen Seufzern halb mit dem Mund, halb durch die Nase einen Schnickschnack aus dem Evangelium, woran er glaubte, worin weder er noch irgend jemand irgend etwas verstand. Als dieser Körperverdreher seinen schönen Monolog beendet hatte, löste sich die Versammlung ganz erbaut und blöde auf.« Philosophische Briefe. (Stich aus »Memoires et observations faites par un voyageur en Angleterre«, Den Haag 1698)

51 Verschiedene Verhaltensweisen der Konvulsionäre. (Stich von 1732)
52 Der jansenistische Diakon Pâris (1690–1727), von dessen Grab behauptet wurde, es gingen von ihm Wunderwirkungen aus. Auf dem Friedhof von St. Medard
wurde es zum Hauptanziehungspunkt der jansenistischen Konvulsionäre, so daß der
Friedhof 1732 geschlossen werden mußte.

53 Ziehung der Königlichen Lotterie. Nach seiner Rückkehr aus England ließ sich Voltaire vom Lotterie-Direktor das neue System erklären und stellte fest, daß man, wenn man alle Lose kaufte, gewinnen mußte: mit LaCondamine sprengte er die Lotterie.

54 *Adrienne Lecouvreur (1693–1730), berühmte und gefeierte Schauspielerin ihrer Zeit und Freundin Voltaires; nach ihrem Tod wurde ihr Leichnam auf den Schindanger geworfen, weil der Klerus dem »fahrenden Volk« eine ordentliche Beisetzung verweigerte – ohne Ludwigs XIV. Eingreifen wäre mit Molière dasselbe passiert.*

55 *Charles Augustin de Feriol duc d'Argental (1700–1788). Rat im Parlament, Freund Adrienne Lecouvreurs und mit seiner Frau Verehrer Voltaires, für den er seinen Einfluß als Diplomat unter Choiseul nutzt. (Stich 1788 nach Defraine)*

56 Frontispiz zur »Geschichte Karls XII., König von Schweden«, aus der Werkausgabe von 1775
57 Ehrung des Andenkens Voltaires anläßlich des Tages der ersten Aufführung von
»Brutus« 1730

*58 Illustration zu »Zaïre« nach Moreau l. j. Uraufgeführt am 13. August 1732
war die Tragödie nicht nur der endgültige Beweis für Voltaires den Klassikern
würdige Kunst, sondern auch einer der größten Theatererfolge des 18. Jahrhunderts
überhaupt.*

pardon monsieur. Mes tentations sont
allées au diable d'ou elles venoient. votre premiere
lettre m'a batisé dans la religion neutonienne,
votre seconde m'a donné la confirmation.
en vous remerciant de vos sacrements.
brulez je vous prie mes ridicules objections
elles sont d'un infidele. je garderay a jamais
vos lettres. elles sont d'un grand apotre
De Neuton. lumen ad revelationem
gentium. je suis avec bien de l'admiration
De la reconnoissance et de la honte votre
tres humble et indigne disciple Voltaire
a fontainebleau ce samedy

---

59 Brief Voltaires an Maupertuis vom 8. November 1732: »Pardon, mein Herr,
meine Versuchungen sind zum Teufel gegangen, woher sie kamen. Ihr erster Brief
hat mich im newtonianischen Glauben getauft, Ihr zweiter war mir die Konfirma-
tion. Beim Dank für Ihre Sakramente bitte ich, meine lachhaften Einwände zu
verbrennen, sie sind von einem Untreuen. Ihre Briefe werde ich für immer aufbe-
wahren, sie sind von einem großen Apostel Newtons. lumen ad revelationem gentium. Ich bin mit viel Bewunderung, Dank und Wohlwollen Ihr sehr untertäniger
und unwürdiger Schüler Voltaire. In Fontainebleau diesen Samstag«

60 Voltaire und Jean Philippe Rameau (1683–1764). Rameau schrieb 1733 die Musik für Voltaires Oper »Samson«, die allerdings nicht aufgeführt wurde. »Die Musik eines gewissen Rameau... das ist ein Pedant in Musik; er ist genau und langweilig.« (Darst. von C. de Tersan) 61 David Hume (1711–1776) lebte 1733–1736 in Frankreich; »An enquiry concerning human understanding« machte ihn zu einem der bekanntesten europäischen Philosophen in der Nachfolge Lokkes. In Frankreich freundete er sich mit Montesquieu, Rousseau und Voltaire an. (Darst. von Martin nach einem Gemälde von Ramsay 1766)

LETTER XVI.

ON

Sir *Isaac Newton's*

OPTICKS.

THE Philosophers of the last Age found out a new Universe; and a Circumstance which made its Discovery more difficult, was, that no one had so much as suspected its Existence. The most Sage and Judicious were of Opinion, that 'twas a frantic Rashness to dare so much as to imagine that it was possible to guess the Laws by which the celestial Bodies move, and the manner how Light acts. *Galileo*

7

et revenus situez dans ledit Pays, seront exempts de la levée de cette imposition.

ARREST de la Cour du Parlement, qui ordonne, &c.

Ce jour les Gens du Roy sont entrez, et Maître Pierre Gilbert de Voisins, Avocat dudit Seigneur Roi, portant la parole, ont dit:

Que le Livre qu'ils apportent à la Cour leur a parû exiger l'animadversion publique, qu'il ne se répand que trop, et qu'on sçait assez combien il est propre à inspirer le libertinage le plus dangereux pour la Religion et pour l'ordre de la société civile: que c'est ce qui les a portés à prendre les conclusions sur lesquelles ils attendent qu'il plaise à la Cour faire droit.

Eux retirez:

Vû le Livre intitulé: *Lettres Philosophiques par M. de V... à Amsterdam, chez E. Lucas, au Livre d'Or, M DCC XXXIV.* contenant vingt-cinq Lettres sur différens sujets, ensemble les conclusions par écrit du Procureur Géneral du Roi, la matiere sur ce mise en délibération.

LA COUR a arrêté et ordonné que ledit Livre sera laceré et brûlé dans la Cour du Palais, au pied du grand Escalier d'icelui par l'Exécuteur de la haute Justice, comme scandaleux, contraire à la Religion, aux bonnes mœurs et au respect dû aux Puissances; fait très expresses inhibitions et défenses à tous Libraires, Imprimeurs, Colporteurs et à tous autres, de l'imprimer, vendre, débiter, ou autrement distribuer, en quelque maniere que ce puisse être; sous peine de punition corporelle: Enjoint à tous ceux qui en auroient des Exemplaires, de les remettre incessamment au Greffe Civil de la Cour pour

64 *Verurteilung der »Philosophischen Briefe« im »Mercure de France« vom August 1734: »Dieses Tages traten die Leute des Königs ins Parlament ... und sagten, daß dieses Buch ... sich nur zu sehr verbreite und geeignet sei, die für die Religion und die Zivilordnung gefährlichste Freizügigkeit zu fördern ...
Der Hof hat festgestellt und angeordnet, daß das besagte Buch zerrissen und verbrannt wird ...«*

65 Cirey, das Schloß der Châtelets

Hæc ALGAROTTI effigies, quo Cive superbit
    Regina, Adriacis qua dominatur aquis.
Illius ore loqui dulces ante omnia Musas
    Credidimus, Charites illius ore loqui.
Illius ingenio nec te latuere, Lycori,
    Ardua Newtoni dogmata, prisma, color.
Plauserunt tanto contenti judice Vates;

Æmula naturæ plausit amica manus.
Enituere illo choreæ, scenæque magistro,
    Enituit Russi purior orbis honor.
Olli Ynchas, Romæque canunt præconia Reges,
    Aptus ex illo Mare sibi legit opus.
Sed quid ego hæc retuli? Magno placuit FRIDERICO
    Hoc unum longi carminis instar erat.

66 Francesco Algarotti (1712–1764), Verfasser eines »Newton für die Damen«,
lernte Voltaire in Cirey kennen.

67 René Herault (1691–1746), Polizeileutnant von Paris 1725–1740 und im Genuß des Vertrauens Fleurys, konnte Voltaire manchen Dienst erweisen: er warnte ihn vor Haftbefehlen und ging gegen seine Gegner vor. (Stich von Liotard)

68 Louis-François-Armand du Plessis duc de Richelieu et de Fronsac (1696–1788), mit dem Voltaire seit ihrer gemeinsamen Schulzeit befreundet war.

69 André-Hercule de Fleury (1653–1743), ab 1725 Premierminister. Voltaire bietet sich ihm des öfteren für diplomatische Dienste an, jedoch geht Fleury kaum darauf ein. 1725 erwirkt Voltaire von ihm die Freilassung des abbé Desfontaines. (Stich von Roy nach Rigaud)

70 René-Louis Voyer Marquis d'Argenson (1694–1757), Schulgenosse Voltaires und 1744–1757 Außenminister, tat für ihn, was in seiner Macht stand.

71 Voltaire beim Lesen in der »Henriade«, Gemälde von Maurice Quentin de La-Tour 1736

72 *Maske Voltaires von LaTour, vor 1738*
73 *abbé Pierre Guyot Desfontaines (1685–1745), durch Voltaires Fürsprache aus dem Gefängnis entlassen, wird er zum Verleumder und Feind Voltaires, dessen »Préservatif« er mit der »Voltairomanie« beantwortet, die er aber unter dem Druck der Freunde Voltaires widerrufen muß. »Was ist aus dem abbé geworden? In welche Loge hat man diesen Hund, der seine Meister biß, gesteckt? Ich gäbe ihm noch immer Brot, toll wie er ist.« (Stich von Schmidt nach Taqué)*
74 *»La Voltairomanie« von Desfontaines. »Die infame Schrift des Herrn Voltaire . . .«*

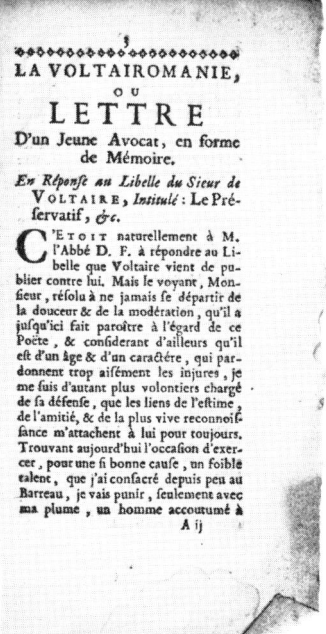

LA VOLTAIROMANIE,
OU
LETTRE
D'un Jeune Avocat, en forme de Mémoire.

En Réponse au Libelle du Sieur de VOLTAIRE, *Intitulé :* Le Préservatif, *&c.*

C'ÉTOIT naturellement à M. l'Abbé D. F. à répondre au Libelle que Voltaire vient de publier contre lui. Mais le voyant, Monsieur, résolu à ne jamais se départir de la douceur & de la modération, qu'il a jusqu'ici fait paroître à l'égard de ce Poète, & considerant d'ailleurs qu'il est d'un âge & d'un caractére, qui pardonnent trop aisément les injures, je me suis d'autant plus volontiers chargé de sa défense, que les liens de l'estime, de l'amitié, & de la plus vive reconnoissance m'attachent à lui pour toujours. Trouvant aujourd'hui l'occasion d'exercer, pour une si bonne cause, un foible talent, que j'ai consacré depuis peu au Barreau, je vais punir, seulement avec ma plume, un homme accoutumé à

A ij

REPONSE

DE MONSIEUR DE VOLTAIRE

A U

PRINCE ROYAL DE PRUSSE.

A Paris le 26 Août 1736.

MONSEIGNEUR,

IL faudrait être infenfible, pour n'être pas infiniment touché de la lettre dont V. A. R. a daigné m'hono- rer ; mon amour-propre en a été trop flatté ; mais l'a- mour du genre-humain, que j'ai eu toûjours dans le cœur, & qui, j'ofe dire, fait mon caractère, m'a donné un plaifir mille fois plus pur, quand j'ai vu, qu'il y a dans le monde un prince, qui penfe en hom- me, un prince philofophe, qui rendra les hommes heureux.

Souffrez que je vous dife, qu'il n'y a perfonne fur la terre, qui ne doive des actions de graces aux foins que vous prenez de cultiver, par la faine philofophie, une ame née pour commander. Croyez, qu'il n'y a eu de véritables bons rois, que ceux qui ont commencé comme vous par s'inftruire, par connaitre les hommes, par aimer le vrai, par détefter la perfécution & la fu- perftition. Il n'y a point de prince, qui en penfant ainfi, ne puiffe ramener l'âge d'or dans fes états. Pour- quoi fi peu de rois cherchent-ils cet avantage ? Vous le fentez, monfeigneur, c'eft que prefque tous fongent plus à la royauté qu'à l'humanité. Vous faites précife- ment le contraire. Soyez fûr, que fi un jour le tumulte

75 Abdruck eines Briefes Voltaires vom 26. August 1736 an Kronprinz Friedrich
von Preußen in der Werkausgabe von 1775: »Man müßte fühllos sein, um nicht
unendlich berührt zu sein von dem Brief, mit dem Euer Königliche Hoheit mich
zu ehren sich herabließen . . .«
76 Illustration zur Komödie »Das Wunderkind« von 1736, die Voltaire, weil er
des Erfolgs nicht sicher war, zunächst unter dem Namen Gresset erscheinen ließ.
(Stich von Adam nach Desenne)

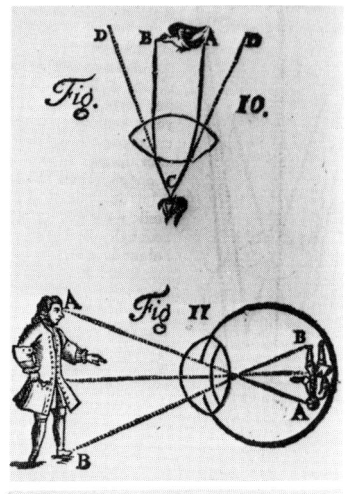

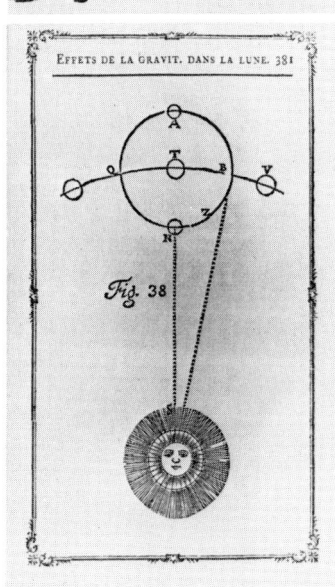

77 Illustration aus »Elemente der Philosophie Newtons« in der Werkausgabe 1775
78 wie 77; »Auswirkungen der Anziehungskraft am Mond«

79 Illustration zu »Mérope« von 1743 nach Maffei, einem großen Theatererfolg.
(Stich aus der Werkausgabe von 1775 von Martinet)

80 *Büste von Voltaire von Jean-Baptiste Lemoyne, 1745*
81 *Madame de Pompadour (1721–1764). Voltaire verkehrte schon lange mit ihrer*
Mutter, als sie 1745 Mätresse Ludwigs XV. wurde. Daß Voltaire sich für sie ein-
gesetzt hatte, zahlt sich aus: Mme de Pompadour begünstigte Voltaire beim König,
er wird Hofhistoriograph und Kammerjunker. (Gemälde von Boucher)
82 *Ludwig XV. (Stich nach Queverdo)*

LA BATAILLE

DE FONTENOY,

POËME.

Deuxiéme Edition, revûe, corrigée & augmentée.

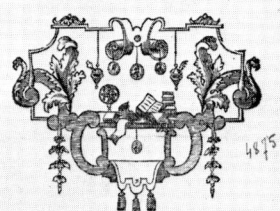

A TOULOUSE,

De l'Imprimerie de N. C A R A N O V E Fils, à la Bible d'Or.

═══════════════════════════

M. DCC. XLV.

AVEC PERMISSION.

83 Titelseite zum Gedicht »Die Schlacht von Fontenoy«, dem größten militärischen Sieg unter Ludwig
XV. »Gelesen und für gut befunden diesen 17. Mai
1745. Crébillon

84 Prosper Jolyot de Crébillon (1674–1762), literarischer Konkurrent Voltaires, dem er unterliegt, wird mit Hilfe der Mme de Pompadour Zensor für Literatur und Geschichte – ein ständiges Hindernis für Voltaire.

85 Jean-François Marmontel (1723–1799), 1758 Herausgeber des »Mercure de France«, Mitarbeiter der Enzyklopädie, gefördert von Voltaire und Mme de Pompadour. (Stich von Duchaine)

86 Luc de Clapiers Marquis de Vauvenargues (1715–1747), zunächst Offizier, dann Schriftsteller; Verehrer und Protegé Voltaires. Als Gegner von Skepsis und Ironie zugunsten von Instinkt und Leidenschaft kann er als Vorläufer Rousseaus angesehen werden. »Wären Sie etwas früher geboren, wären meine Werke mehr wert« (Voltaire 1743) (Stich von Colin)

87 Papst Benedict XIV. (1675–1758). Weil die Tragödie »Mahomet« einen Skandal unter den Frömmlern hervorrief, mußte Voltaire das Stück absetzen lassen; die Angriffe kirchlicherseits gefährdeten auch seine Kandidatur für die Académie Française. Also bat Voltaire den Papst, ihm sein Stück widmen zu dürfen, was gestattet wurde. Dazu erhielt Voltaire ein Porträt und zwei Medaillen.
88 Voltaire. Stich von St. Aubin nach der Büste von Lemoyne.

89 Zadig und Astarté. Illustration zu Zadig
90 Premiere in Versailles von Voltaires »La Princesse de Navarre« am
23. Februar 1745 anläßlich der Hochzeit des Thronfolgers. (Stich von Cochin)

*91 Jean-Jacques Rousseau (1712–1778),
den Voltaire 1745 kennenlernte*

92 Anschlag für die Ausstellung der Automaten von Vaucanson: » . . . ein Wilder, der elf Flötenstücke spielt, ein provençalischer Hirte, der 20 Flötenstücke spielt und dazu die Trommel rührt, eine Ente, die trinkt, ißt, quakt, im Wasser schnattert und verdaut.«

93 Denis Diderot (1713–1784) wurde 1745 vom Verleger Breton mit der Übersetzung der englischen Enzyklopädie von E. Chambers beauftragt, woraus der Plan
für die Enyclopédie entstand.

94 Emilie du Châtelet bringt 1745 ein Kind Saint-Lamberts zur Welt und stirbt im Kindbett

BERLIN

95 *Das Potsdamer Schloß. (Stich von Petrus Schenk)*

96 Schloß Sanssouci (Stich von Knüpfer)
97 Friedrich und Voltaire unter der Kolonnade hinter Sanssouci. (Stich von
P. Hans)

116

98 Friedrich II., seit 1740 König von Preußen. Nachdem er schon längst mit Voltaire korrespondierte und sich von ihm seine Schriften korrigieren ließ, konnte er
Voltaire erst 1750, nach dem Tod der Marquise du Châtelet, für längere Zeit in
Berlin aufnehmen. »Stellen Sie mir Ihre Bedingungen, um glücklich zu sein. Ich
werde für sie einstehen. Sie sollen frei bleiben und über sich verfügen können...
Sie werden einen Pferdespaß haben und was Sie sonst verlangen können.« (Aus einem Brief an Voltaire vom 7. 10. 1743.) (Stich von Schmidt nach Pesne)

99 Voltaire

100 Pierre Louis Moreau de Maupertuis (1698–1759), seit 1741 Präsident der Akademie in Berlin. Die Freundschaft mit Voltaire ging an Friedrichs Hof zu Bruch über Intrigen und gegenseitigen Verleumdungen. »Maupertuis ist nun völlig verrückt geworden. Sein altes Leiden hat ihn mit Macht gepackt. Soeben hat er ein Buch drucken lassen, in dem er behauptet, die Existenz Gottes sei nur mit einer algebraischen Formel beweisbar; daß jeder seine Zukunft voraussehen könne, wenn er seiner Seele einen tüchtigen Aufschwung verleihe... Das ganze Buch in diesem Stil. Er hat es den Berlinern vorgelesen, und die sind natürlich begeistert.«

101 Etienne Bonnot de Condillac (1715–1780), Begründer des neueren Sensualismus, Mitglied der Académie Française und der Akademie von Berlin.
102 Julien Offray de LaMettrie (1709–1751), wegen seiner materialistisch-atheistischen Ansichten in Frankreich und Holland verfolgt, wird er von Friedrich II. nach Berlin als Mitglied der Akademie berufen. Sein Hauptwerk »L'Homme machine – der Mensch als Maschine« widmete er dem ihm nur dem Namen nach bekannten Gelehrten Albrecht v. Haller als seinem »Freund, Kameraden und Meister«. (Stich von Schmidt)

103 Laurent Angliviel de LaBeaumelle (1726–1775) geht 1750 als Lehrer nach Dänemark und kommt 1751, nachdem er sich bei Voltaire eingeschmeichelt hat, nach Berlin, wo er sich mit Maupertuis gegen Voltaire zusammentut. 1752 muß er, mit Friedrich und Voltaire überworfen, Berlin verlassen. (Lithographie von Engelmann)

104 Gotthold Ephraim Lessing (1729–1781), Übersetzer für Voltaire in seinem Prozeß gegen Hirschel:

»Und kurz und gut den Grund zu fassen,
Warum die List
Dem Juden nicht gelungen ist,
So fällt die Antwort ungefähr:
Herr V... war ein größrer Schelm als er.«

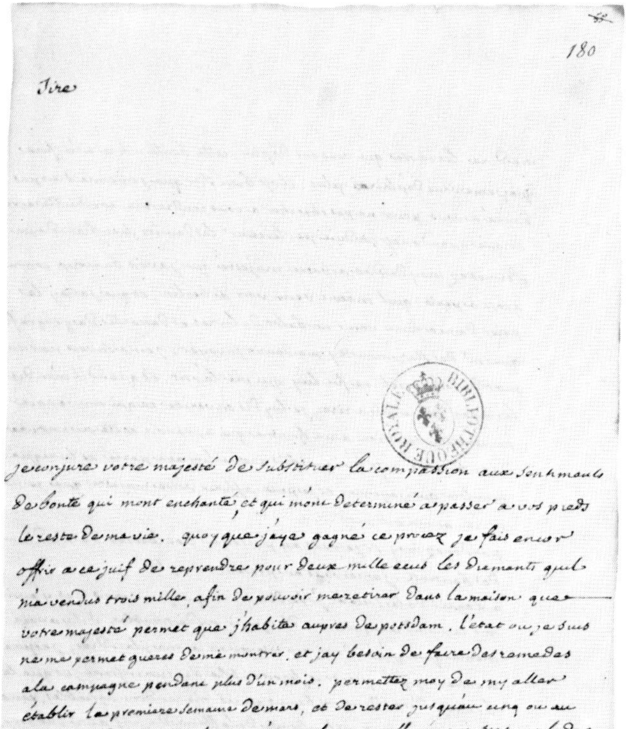
180

Sire

je conjure votre majesté de substituer la compassion aux sentiments de bonté qui m'ont enchanté, et qui m'ont determiné a passer a vos pieds le reste de ma vie. quoyque j'aye gagné ce procez je fais encor offrir a ce juif de reprendre pour deux mille ecus les diamants qu'il m'a vendus trois mille, afin de pouvoir me retirer dans la maison que votre majesté permet que j'habite auprès de potsdam. l'etat ou je suis ne me permet gueres de me montrer, et j'ay besoin de faire des remedes a la campagne pendant plus d'un mois. permettez moy de m'y aller établir la premiere semaine de mars, et de rester jusqu'au cinq ou au six mars dans votre chateau. c'est un homme assurement tres malade qui vous demande cette grace. songez aussi que c'est un homme qui n'a eu en renonçant a sa patrie que votre seule personne pour objet dont l'attachement ne peut etre douteux. puisque vous avez la bonté de

105 Brief Voltaires an Friedrich nach der Affäre Hirschel: Majestät, ich beschwöre Eure Herrlichkeit, das Wohlwollen, das mich gefesselt hat und mich veranlaßt hat, den Rest meines Lebens zu Ihren Füßen zu verbringen, in Mitleid zu wandeln. Obwohl ich diesen Prozeß gewonnen habe, lasse ich jenem Juden anbieten, für 2000 Taler die Diamanten zurückzunehmen, die er mit für 3000 verkauft hat, damit ich mich in das Haus zurückziehen kann, das Eure Majestät mir erlauben bei Potsdam zu bewohnen. Der Zustand, in dem ich mich befinde, erlaubt mir kaum, mich zu zeigen, und ich muß mich länger als einen Monat auf dem Lande erholen. Erlauben Sie mir, mich dort in der ersten Woche des März einzurichten, und bis zum 5. oder 6. März in Ihrem Schloß zu bleiben. Es ist ein wirklich sehr kranker Mann, der um diese Gnade bittet …«

5

a~~franckort~~ francfort sur
le main au lion d'or   16.
4 juin 1753

quand vous saurez mon cher ange
toutes les persecutions cruelles que mau
pertuis m'a attirées, vous ne serez pas
surpris que j'aye été si longtemps sans
vous ecrire, quand vous saurez que j'ay
toujours été en route ou malade
et que j'ay compté venir bientot vous
embrasser, vous me pardonnerez encor
davantage. et quand vous saurez le
reste vous plaindrez bien votre vieil
amy. je vous adresse ma lettre a paris
sachant bien qu'un conseiller d'honneur
n'entre point dans la querelle des conseil
lers ordinaires, et est trop sage pour vanger.
j'ay vojagé mon cher et respectable
amy. et le pigeon a eu l'aile cassée

106 Brief an d'Argental aus Frankfurt, wo Voltaire auf Geheiß Friedrichs festgehalten wurde und dem Mutwillen des preußischen Gesandten Freytag ausgesetzt
war:
»In Frankfurt am Main im Goldenen Löwen, Juni 1753
Wenn Sie von all den grausamen Verfolgungen wüßten, mein teurer Engel, die
Maupertuis mir zugezogen hat, dann werden Sie nicht überrascht sein, daß ich Ihnen so lange nicht geschrieben habe, wenn Sie wüßten, daß ich lange unterwegs
war oder krank und daß ich gerechnet hatte, schon bald zu kommen Sie in die
Arme zu schließen, dann entschuldigen Sie mir noch mehr. Und wenn Sie den Rest
wüßten, dann würden Sie Ihren alten Freund bedauern...«

NACH BERLIN
UND GENF

MARC-PIERRE DE VOYER DE PAULMY, CH.ᴮᴿ C.ᵀᴱ D'ARGENSON
Ministre et Secretaire d'Etat, Chancelier Garde des Sceaux de
l'Ordre Royal et Militaire de S.ᵗ Louis, grand Maître et Sur-
Intendant général des Couriers, Postes et Relais de France.

107 Voltaire. (Stich von Gottschick)
108 Marc-Pierre Voyer d'Argenson (1696–1764), Kriegsminister, Gründer der
École Militaire, arbeitet mit seinem Bruder René-Louis zusammen. Protegiert Voltaire und die Enzyklopädisten, die ihm ihre ersten Bände widmen. (Stich von Petit)

ENCYCLOPÉDIE,

OU

DICTIONNAIRE RAISONNÉ

DES SCIENCES,

DES ARTS ET DES MÉTIERS,

RECUEILLI

DES MEILLEURS AUTEURS

ET PARTICULIEREMENT

DES DICTIONNAIRES ANGLOIS

DE CHAMBERS, D'HARRIS, DE DYCHE, &c.

PAR UNE SOCIÉTÉ DE GENS DE LETTRES.

Mis en ordre & publié par M. *DIDEROT* ; & quant à la PARTIE MATHÉMATIQUE, par M. *D'ALEMBERT*, de l'Académie Royale des Sciences de Paris & de l'Académie Royale de Berlin.

Tantum series juncturaque pollet,
Tantum de medio sumptis accedit honoris! HORAT.

DIX VOLUMES IN-FOLIO,

DONT DEUX DE PLANCHES EN TAILLE-DOUCE,

PROPOSÉS PAR SOUSCRIPTION.

A PARIS, Chez
{
BRIASSON, *rue Saint Jacques, à la Science.*
DAVID l'aîné, *rue Saint Jacques, à la Plume d'or.*
LE BRETON, Imprimeur ordinaire du Roy, *rue de la Harpe.*
DURAND, *rue Saint Jacques, à Saint Landry, & au Griffon.*

M. DCC. LI.

AVEC APPROBATION ET PRIVILEGE DU ROY.

109 Titelseite der Enzyklopädie 1751
110 D'Alembert (oben) und Diderot und die Autoren der Enzyklopädie. Von links oben nach rechts unten: Voltaire, Rousseau, Daubenton, LaMarck, Monge, Condorcet, Dumarsais, Buffon, Necker, Vicq d'Asyr, Thouin, de la Platière, Marmontel, Gaillard

111 Paul Heinrich Dietrich Baron von Holbach (1723–1789), Vertreter des französischen Materialismus; Voltaire warf ihm seinen Atheismus vor, und daß Diderot unter seinem Einfluß Atheist geworden sei. (Zeichnung von Cochin)
112 Claude Adrien Helvetius (1715–1771), gehörte zum Kreis der Enzyklopädie. (Van Loo 1755)

LOUIS FRANÇOIS ARMAND   DUPLESSIS DUC DE ·
RICHELIEU ET   DE FRONSAC.
Pair et premier Marechal   *de France &a &a &a*
Dedié a Mr. le Duc de   *Richelieu son Fils*
Pair de   *France &a*
D'après le modéle en terre   *Par son très humble et très*
fait en 1761 par Deseine   *respectieux Serviteur Boudou*
Sculpteur, Lourd et vuiet   *Gravée de s. d. Mr. le P.H.t inde*
rue S.t Hyacinthe N.27

*113 Louis-François-Armand du Plessis duc de Richelieu et de Fronsac (1696–1788),
Großneffe des Kardinals und Schulfreund Voltaires. »Das ist ein ein wenig zu
starker Spaß für einen Kranken, hundert Wegstunden zurückzulegen, um in Lyon
mit dem Herrn Marschall de Richelieu zu plaudern. Nie hat er einen so langen
Weg zu seinen Geliebten gemacht, obwohl er sie ganz schön weit gebracht hat.«*

*114 Lesung d'Alemberts bei Mme de Geoffron 1755. Es liest der Schauspieler
LeKain, rechts neben dem Tisch unter der Büste Voltaires d'Alembert, daneben
Helvetius. Außerdem sind anwesend: J.-J. Rousseau, Rameau, Fontenelle, Di-
derot, Montesquieu, d'Argental, Malesherbes, Crébillon und Piron. (Gemälde von
Lemonnier)*

115 Im Dezember 1754 kommt Voltaire nach Genf. (Stich von Née nach Pérignon)
116 Les Délices, Voltaires Haus in Genf, wo er sich 1755 einrichtet.

DISCOURS

SUR L'ORIGINE ET LES FONDEMENS DE
L'INÉGALITÉ PARMI LES HOMMES.

Par JEAN JAQUES ROUSSEAU
CITOYEN DE GENÈVE.

Non in depravatis, sed in his quæ bene secundum
naturam se habent, considerandum est quid sit
naturale. ARISTOT. Politic. L. 2.

A AMSTERDAM,
Chez MARC MICHEL REY,
MDCCLXII.
*Avec Privilège de nos Seigneurs les Etats de Hol-
lande & de Westfrise.*

117 Frontispiz zu Rousseaus »Diskurs
über die Ungleichheit«: »Er kehrt zurück
zu den Gleichen.« (Stich von Somique
nach Eisen)
118 Titelseite zu Rousseaus »Diskurs
über die Ungleichheit«
»Wenn man Ihr Werk liest, kriegt man
Lust, auf allen vieren zu laufen« (Voltaire an Rousseau)
119/120 Illustration zum 24. Gesang der
»Pucelle« (London 1761)
121 Aus der Titelseite einer Londoner
Ausgabe der »Pucelle«

122 Jean Le Rond d'Alembert
(1717–1783) besucht 1756 Voltaire in Les
Délices, um seinen Artikel »Genf« für
die Enzyklopädie vorzubereiten. (Stich
von Maviez nach de LaTour)
123 Titelseite des »Versuch über die allgemeine Geschichte und über die Sitten
und den Geist der Völker von Karl dem
Großen bis zu unseren Tagen.« von 1756

fx ESSAY *Libirie*

Nicol. franc. SUR *Peyraudt Can.*

L'HISTOIRE
GÉNÉRALE,
ET SUR
LES MOEURS ET L'ESPRIT
DES NATIONS,
DEPUIS CHARLEMAGNE
JUSQU'A NOS JOURS.
TOME PREMIER.

MDCCLVI.

CANDIDE,

OU

L'OPTIMISME,

TRADUIT DE L'ALLEMAND

DE

MR. LE DOCTEUR RALPH.

MDCCLIX.

*126 Illustration zum dritten Kapitel von
»Candide« (Stich nach Moreau l. j.)
127 Illustration zum 19. Kapitel von
»Candide« (Stich nach Moreau l. j.)
128 Titelseite der deutschen Übersetzung
Goethes von 1802 der Tragödie »Tran-
crède« von 1760*

Tancred.

Trauerspiel in fünf Aufzügen,

nach Voltaire

von

Göthe.

Tübingen,
in der J. G. Cotta'schen Buchhandlung

129 »Auf den Délices« (École Française des 18. Jahrhunderts)

FERNEY

130 Schloß Ferney, wo Voltaire sich 1760 niederläßt. (Engelmann nach Fournier-Desonne)
131 Statuette aus Bronze von Augustin Pajou, Detail von »Parnasse Français«

132 Die Kirche von Ferney. Die Aufschrift »Deo erexit Voltaire« skandalisierte den Klerus. (Stich von le Bar nach Brandoin)
133 Voltaire (nach Gaudon)
134 Théodore Tronchin (1709–1781) aus angesehener Genfer Familie, mit deren Hilfe Voltaire Les Délices und auch Ferney erwerben konnte. Théodore Tronchin war bis 1778 Voltaires Arzt.

135 Voltaire beim Damespiel mit Pater Adam. (Anonyme Kupferätzung)

136 *Voltaire und Pater Adam.* (Stich von Lante)

137 Katharina II. von Rußland (1729–1796) bemühte sich seit ihrer Machtergreifung 1762 um Kontakte zu den Aufklärern; Diderot hielt sich ein halbes Jahr an ihrem Hof auf. Voltaire erteilte sie den Auftrag, über Peter den Großen zu schreiben, um den er sich beworben hatte. (Stich von Dickinson)

138 Frontispiz zur »Geschichte des russischen Reiches unter Peter dem Großen«
aus der Werkausgabe von 1775. (Stich
von Martinet)

139 Jean-Jacques Rousseau, mit dem Voltaire sich 1760 endgültig überwarf. (Schabkunstblatt von Martin nach Ramsey)
140 J.-J. Rousseau

*141 Voltaire sichert der Familie Calas
seine Unterstützung zu. (Lithographie
von de Lasr nach Bergeret)
142 Calas' Abschied. (Stich von Chodo-
wiecki 1765)*

143/144 Medaille mit Voltaires Abbild

145 »Das Verbrechen wird bestraft« Allegorie auf die Auflösung der Gesellschaft Jesu 1762

146 Illustration zu »Olimpie«, von Fréron als »O
l'impie« verkalauert

147 E. C. Fréron (1718–1776) neidete Voltaire den Er-
folg seines Gedichts auf die Schlacht von Fontenoy, weil
sein eigenes daraufhin nicht mehr beachtet wurde, und
bedachte von da an Voltaire regelmäßig mit Kritik.
(Stich von Hubert nach Cochin 1770)
»Neulich in des Tales Tiefe schlich
Fréron zu beißen eine Schlange sich:
Was glauben Sie, was da passierte?
Das Reptil krepierte.«

148 J. G. LeFranc de Pompignan (1715–1790) nimmt
1760 den Kampf gegen die Aufklärung auf; Voltaire
verspottete ihn 1764 im »Brief eines Quakers an J. G.
de Pompignan, Bischof im Puy«.

149 Illustration von Sauvage zu
»L'Ingénu«
150 Illustration zur »Prinzessin von Babylon« (Stich von Moreau l. j. nach
Chasselat)
151 Voltaire nach Moreau l. j.

164

Marie François
Arrouet de Voltaire
Né a Paris en 9bre 1695

152 Voltaire im Sessel (Scherenschnitt von Huber)

153 *Das Frühstück von Ferney von Vivant Denon.* »Sie haben mich wie einen krüppligen Affen gezeichnet. Lassen Sie diesen Druck nur nicht in Umlauf kommen, Fréron und Clément werden zu viel Freude daran haben.«

DICTIONNAIRE

PHILOSOPHIQUE,

PORTATIF.

ABRAHAM.

BRAHAM eſt un de ces noms célè-
bres dans l'Aſie mineure, & dans l'A-
rabie, comme Thaut chez les Egyptiens,
le premier Zoroaſtre dans la Perſe,
Hercule en Grèce, Orphée dans la
Thrace, Odin chez les nations ſeptentrionales, & tant
d'autres plus connus par leur célèbrité, que par une hiſtoire bien avérée. Je ne parle ici que de l'hiſtoire pro-
phâne ; car pour celle des Juifs nos maîtres & nos en-
nemis, que nous croyons & que nous déteſtons, comme l'hiſtoire de ce peuple a été viſiblement écrite par le

A   Saint-

*154 Seite 1 aus dem »Philosophischen Wörterbuch«, das 1765 ohne Hin-
weis auf Verlagsort oder Autor erschien. Voltaire zeigte sein Wörterbuch
selber dem Genfer Konsistorium an und verriet Zeit und Ort der Ankunft
in Genf. Gleichzeitig allerdings ließ er ein Vielfaches des beschlagnahmten
Kontingents durch die anderen Tore in die Stadt gelangen.*

155/156 Voltaire
157 Voltaire 1765

158 *Autoporträt von Jean Huber*
159 *Voltaires Lever (von Huber)*

160 *Ausblick von Ferney (von Huber)*
161 *Voltaire und die Bauern*
(Stich von Huber)

Voltaire dansant
et autres personnages
découpures faites à Ferney
vers 1775.
par Huber de Cologny
qui se donnait le nom de
peintre de Voltaire.

176

162 »Voltaire beim Tanz und andere
Personen. Zu Ferney um 1775 gemachte
Scherenschnitte von Huber de Cologny,
der sich den Namen ›Maler von Voltaire‹
gab.«
163 Stiftzeichnung von Huber

164 *Voltaires Gebet*
165 *James Boswell (1740–1795), vor al-*
lem seiner Biographie Johnsons wegen be-
kannt, besuchte Voltaire in Ferney

166 *Die keusche Suzette*
167 *Besuch der Schauspielerin Clairon in Ferney*

168 Tischgesellschaft in Ferney; von Voltaire im Uhrzeigersinn: Diderot, Pater Adam, Condorcet, d'Alembert, abbé Mauri, LaHarpe

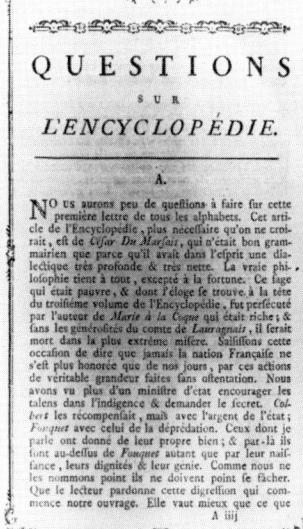

169 *Blatt aus einer Vermögensaufstellung Voltaires*

170 *Seite aus den »Fragen zur Enzyklopädie«, aus der Werkausgabe von 1775*

*171 Madame du Barry (1743–1793) seit
1768 in der Gunst des Königs, erhält
1773 von Voltaire Uhren aus seiner Fabrikation von Ferney geschenkt. (Stich
nach Drouais)
172 Eine der Uhren aus der Fabrikation
von Ferney*

183

Instruction

Depar le Roy

Sa Majesté desirant examiner par elle même les ouvrages et autres écrits qui se trouveront dans les maisons du S.r de Voltaire, lors de son decèds, a ordonné et ordonne au Subdelegué de l'Intendant de Bourgogne residant a Gex de se Transporter dans les maisons dud. S.r de Voltaire, aussitôt qu'il aura ouvert le paquet, dans lequel est enfermé le present Memoire d'instruction.

Si lorsque led. Subdelegué y sera arrivé, le Juge du lieu ou autre officier de Justice a été appellé pour apposer les Scellés, led. Subdelegué lui renettra l'ordre du Roy, Cotté N.° 1, et requerera la distraction de tous les ouvrages

dont il se fera donner un Reçu

173 Ludwig XVI. wird 1774 König
174 Eine der ersten Amtshandlungen Ludwigs XVI.: »Da seine Majestät die Werke und anderen Schriften selber untersuchen will, die sich in den Gebäuden des Herrn de Voltaire bei seinem Ableben finden werden«, befiehlt er, daß alle Manuskripte und Papiere von Voltaires Hand oder wessen auch immer zu protokollieren und zu versiegeln seien. Unterzeichnet in Marly im Juli 1774 von Louis

FRONTISPICE.

Ingenium cui Sit, cui mens divinior, atque os
Magna Sonaturum, des nominis hujus honorem.
Horat.

Martinet

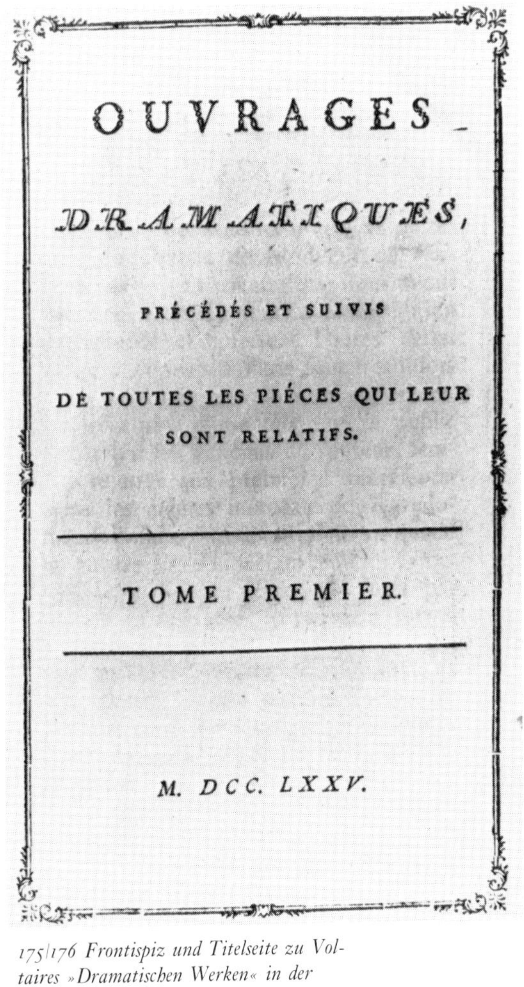

OUVRAGES

DRAMATIQUES,

PRÉCÉDÉS ET SUIVIS

DE TOUTES LES PIÉCES QUI LEUR
SONT RELATIFS.

TOME PREMIER.

M. DCC. LXXV.

175/176 Frontispiz und Titelseite zu Vol-
taires »Dramatischen Werken« in der
Ausgabe von 1775 (Stich von Martinet)

Während Louis XIV. noch ganz Europa in Erstaunen versetzte mit den großen Ereignissen zur Zeit seiner Herrschaft, während Frankreich und vor allem Spanien ihn als den größten der Könige ansahen, stellten ihn die Protestanten in London als Sonne dar, die seine Devise war; aber als eine in einer Kapuze verschlossene Sonne; und niemals vielleicht war er besser charakterisiert als mit dieser Karikatur.

Sein imposantes Gesicht, das kein Franzose jemals zu fixieren wagte, dieser stolze Blick Ludwigs XIV., dem kein Höfling jemals zu begegnen wagte, war nicht geeignet zur Karikatur, und die Vorstellung davon wäre nicht sehr geglückt gewesen.

Der protestantische Künstler tat besser daran, die Sonne, das Zeichen des Königs, zu wählen, und er hat sie in eine Kapuze gesteckt, um zu sagen, mit Recht, daß alles großartig und erleuchtet gewesen wäre unter der Herrschaft dieses Monarchen, wenn der monarchische und klerikale Geist keine religiösen Unruhen hervorgerufen hätte, wenn dieser Geist nicht den Protestantismus verfolgt hätte, wenn dieser Geist nicht den Norden Europas bereichert hätte mit der Umsiedlung der Künstler und Handwerker zu unseren Nachbarn, die weniger mönchisch sind als wir.

Louis XIV. wurde gegen die Protestanten aufgebracht von seinen Ministern, von seiner Mätresse, oder seiner Frau, Madame de Maintenon, von den Jesuiten und vom Geist seines Jahrhunderts.

Dieser Geist hatte vergessen, daß Henri IV. sie geliebt und gefördert hatte, und nachdem Richelieu, Gründer der neuen Regierung, sie mit feurigem Szepter verfolgt hatte, machte man sich herzlich wenig Gedanken in Frankreich, ob der Handel florierte oder nicht, Hauptsache, die Prinzipien der Freiheit der Protestanten wurden geächtet von der neuen Regierung, die Richelieu zum Despotismus machte.

Die Rohan, die Sully, die Bouillons, die Condé, alle die großen Herren, die einst Protestanten waren und Förderer dieses Glaubens, waren der Regierung verbunden und wurden römisch-katholisch, um sich dem Geist und den Blicken des Hofes zu beugen. Als die Reform so ohne Stütze war, und man die Protestanten nicht mehr als handelnde Staatsbürger und einfache Bürger ansah, konnte man sie ohne Folge ächten.

LOUIS.LE.GRAND.

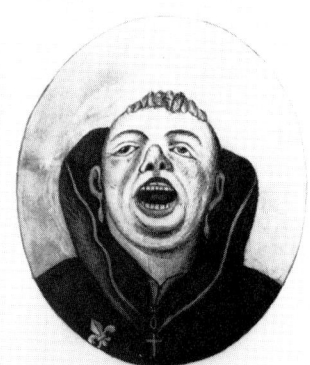

MADAME DE MAINTENON
VEUVE SCARRON.

*177/178 Zwei fachgerecht in die Werk-
ausgabe von 1775 eingeklebte Karikaturen auf Ludwig XIV. und Mme de
Maintenon*

Uranie presente des Lunettes à Voltaire qui lit
Newton de travers. A côté de ce celebre écrivain
sont deux Sylphes, dont l'un brise des tuyaux
capillaires, et l'autre manie mal-adroitement
un compas. Un genie caché derriere Uranie
se mocque de leur mal-adresse.

NEWTONIANISME

DE

M. DE VOLTAIRE,

OU

ENTRETIENS d'un Etudiant

avec un Docteur Newtonien.

Par M. S... P.

. . . . *Sed magis amica veritas,.*

A AMSTERDAM,

Et se trouve à PARIS

Chez BENOÎT MORIN, rue Saint-Jacques, à la Vérité.

M. DCC. LXXIX.

179|180 Frontispiz und Titelseite zu »Newtonianismus von Voltaire«, einem
Pamphlet gegen Voltaires »Elemente der Philosophie Newtons« von 1738: Uranie
reicht Voltaire eine Brille, weil er Newton verquer liest.«

181 Madame Denis, Voltaires Nichte und Hausgenossin in Ferney (Gemälde von Duplessis)
182 Henri-Louis LeKain, über die Grenzen Frankreichs hinaus bekannter Schauspieler. Seine Vorstellungen im Theater von Ferney wurden sogar von den Genfer Pastoren besucht.
183 Friedrich II. und Voltaire haben ihre Korrespondenz nach der Trennung 1753 fortgeführt. 1775 schreibt Friedrich: »Ich habe LeKain gesehen. Er hat mir sagen müssen, wie er Sie angetroffen hat, und ich war froh zu hören, Sie gingen in Ihrem Garten spazieren. Ihre Gesundheit sei ziemlich gut, und Ihre Unterhaltung noch heiterer als in Ihren Werken. Diese Heiterkeit ist der sicherste Beweis, daß wir Sie noch lange behalten werden.«

184 Pierre Augustin Caron de Beaumarchais (1732–1799). »Die Prozeßmemoiren
von Beaumarchais sind etwas, das ich
noch nie stärker, gewagter, komischer,
interessanter und demütigender für seine
Gegner gesehen habe.« (Voltaire). Beaumarchais veranstaltete mit Decroix und
Condorcet die 70bändige Kehler Gesamt-
ausgabe der Werke Voltaires von 1783
bis 1789.
185 Federzeichnung von Saint-Ours

MARIE. FRANÇOIS. AROUET DE VOLTAIRE,

186 36 Skizzen von Huber

*187 Zeichnung aus Johann Kaspar Lavaters
(1741–1801) »Physiognomischen Fragmenten zur Beförderung der Menschenkenntnis und Menschenliebe«:
»Hier noch zwo Karikaturen von Voltaire. In beiden
ist Genius wetterleuchtender Schalkheit; man bemerke
aber den kleinen Unterschied in b von a, so wird
man gleich gestehen müssen – hier ist noch mehr
Kraft und Salz – hier wird das Wetterleuchten
treffender Blitz.«*

188 *33 Skizzen von Huber*

Hier noch zwo Carrikaturen von **Voltäre.** In beyden ist Genius wetterleuchtender Schalkheit; man bemerke aber den kleinen Unterschied in b von a, so wird man gleich sehen müssen — hier ist noch mehr Kraft und Salz — hier wird das wetterleuchten treffender **Blitz.**

a　　　　　　　　　　　　　　　　　　*b*

*　　*　　*

Noch etwas von dem Auge des Genies, das sich nicht wohl zeichnen läßt — das aber nicht allen Genieen gemein, wenigstens nicht an allen spürbar ist. Das ist nicht nur das Treffende, Blitzende, das sich aus der Zeichnung des Auges ergeben mag — sondern das **Ausfließende,** wenn ich so sagen darf. Seys nun wirkliche Emanation, wie Licht aus Licht, oder seys nur Bewegung der Materie des Elementes, die licht, magnetisch, elektrisch, oder wie sie will, heißt — das Auge des Genies, des **gesalbten Gottes,** scheint — Ausflüsse zu haben, die auf andre Augen physisch und unmittelbar wirken. — Ich rede nicht von Ausflüssen, welche die Gestalt des genialischen Menschen haben sollen! So was träumte ich mir nie! Ich bestimme die Natur dieser Ausflüsse auf keine Weise. Nur von einer Erfahrungssache rede ich, die beynahe zum Sprichworte geworden ist, von einer Erfahrungssache, die kein Mensch einen Augenblick bezweifeln kann, der einen Unterschied der Farben zu

Phyf. Fragm. IV Versuch.　　　　　　N　　　　　　giebt.

189 Eine Zeichnung aus Johann Kaspar Lavaters (1741–1801) »Physiognomischen Fragmenten zur Beförderung der Menschenkenntnis und Menschenliebe«

190 *Friedrich Melchior v. Grimm
(1723–1807) schreibt in seiner »Correspondance« über Pigalles Arbeit: »Voltaire war während dieser Zeit wie ein
Kind, das nicht einen Augenblick stillhal-
ten kann. Den Großteil der Zeit hatte
er seinen Sekretaire bei sich, um seine
Korrespondenz zu erledigen, während
man ihn modellierte, und gemäß einem
tic, der ihm beim Briefediktieren zu eigen
war, blies er die Backen auf oder schnitt
Grimassen – tödlich für den Skulpteur.«
191 Die mit Hilfe einer Subskription
finanzierte Statue Voltaires von Pigalle*

A MONSIEUR DE VOLTAIRE PAR LES GENS DE LETTRES
SES COMPATRIOTES ET SES CONTEMPORAINS. 1776

parterre de londres aussi
et pourtant plus mauvais
jusqu'a ce nôtre, plus
grossier et plus barbare.
populaces absolument
sauvages.

ennemie éternelle entre
les deux nations, lettres
lettoribus contraria fleri
tibus und..., amo argi...

aimons leurs bonnes lois
cédons leurs bons goûts
plus, mais gardons nous
de préférer leurs grands
hommes aux nôtres, n'oublions
pas les vainqueurs de fontenoy
de melle de laufelt, et les
fourches caudines de closter
closen s'ils parlent conti
nuellement de leur vaincu
dettivé. de du villars, les
luxembourg les turenne
et les condé vaudrons bien
aux yeux de la postérité
les marlborow et les eade
gans

quassuram ils a nous oppo
ser dans le parle de gayse
ens qui n'ont jamais eu
ce ry un grand poete re
gulier ni un orateur a las
tons tomber a l'electrum
que nous peuvent un peintre
passable de leur nation.

quel y ait entre nous et
eux une émulation rai
sonnable, et non une haine
ridicule

ou plustôt l'une et l'autre nation n'ont
elles pas eu assez de grands hommes
dans tous les genres pour ne se rien
envier et pour ne se rien reprocher?
hélas messieurs permettez moy de vous
repeter que j'ay passé une partie de ma vie
a faire connaître en france les passages
les plus frappant des auteurs qui ont eu de
la réputation chez les autres nations, je puis le
prouver que tirai de la fange
ou le génie de shakespear avoit été noyé
par son siècle. j'ay rendu justice a l'anglais
shakespear comme a l'espagnol calderon,
et je n'ay jamais écouté le préjugé national.
je le dire que cire de ma seule patrie que j'ay
appris a regarder les autres peuples d'un œil
veritables,
les gens de lettres en france n'ont jamais connu
cette rivalité hautaine, cet amour propre révol
tarique se déguise sous l'amour de son pays, et qui
ne préfere les heureux génies des anciens
concitoyens à vrai merite étranger, que pour
s'envelopper dans leur gloire.
quels éloges n'avons nous pas prodiguez
aux aux bacons aux kepler aux
copernic sans même y mêler aucune
emulation! que n'avons nous point dit
du grand Galilée le restaurateur de la
raison en italie de la philosophie
que d'autres eu
le malheur de ne citer jamais, et
neutêtre de ne pas connaitre!

192 »Irène«, Seite aus der Widmung an Katharina II.
193 Illustration zu »Irène« von Moreau l. j.

194 »Der alte Kranke von Ferney, so wie man ihn im September 1777 sah.«
(Anonymer Stich)
195 »Der in jedem Alter einzigartige Mann« (Stich von Vachez)

PARIS

Franklin présentant à Voltaire son petit fils de lui demander sa Bénédiction
Celui ci étendit la main sur la tête de l'Enfant, en dit God and liberty!
Dieu et la liberté.

196 »Franklin stellt Voltaire seinen En-
kel vor und bittet um Voltaires Segen.
Dieser hält seine Hand über das Haupt
des Kindes und sagt: God and Liberty!«
197 »Franklin, Rousseau und Voltaire
in den Elysischen Feldern« in Wachs
198 »Das Licht der Welt«: Voltaire,
Rousseau und Benjamin Franklin, der
Voltaire in Paris besuchte

199 *Diderot suchte Voltaire in Paris noch einmal auf (Von Levitsky)*
200 *Am 30. März 1778: »Ich habe meinen Todeskampf unterbrochen.«*

201 Freimaurerversammlung. Voltaire wurde in die Loge »Neun Schwestern« auf-genommen.
202 »Theatralische Anekdote des jederzeit einzigartigen Menschen« am 30. März 1778 in der Comédie mit Mme Denis (Stich von LeVachez)
203 Hommage von Paris (Stich von Dupin)

204 *Krönung Voltaires in der Comédie Française (Heliogravur von Chauvet nach St. Aubin)*
205 *Marmorstatue von Jean-Antoine Houdon in der Comédie Française*

206 Voltaires Grab. »Grabschrift auf Voltairen | Hier liegt – wenn man euch glauben wollte, | Ihr frommen Herr'n! – der längst hier liegen sollte. | Der liebe Gott verzeih aus Gnade | Ihm seine Henriade | und seine Trauerspiele, | und seiner Verschen viele: | Denn was er sonst ans Licht gebracht, | Das hat er ziemlich gut gemacht.« Lessing, 1779

207 »Ich sterbe in Verehrung Gottes, in Liebe für meine Freunde, ohne Haß für meine Feinde und voll Verachtung für den Aberglauben.«

208 *Das Zimmer mit Voltaires Herz. Bilder von Diderot, Friedrich II., d'Alembert, Richelieu, LeKain, LaHarpe, StLambert, Helvetius, Condorcet und über dem Bett Mme Denis. (Stich von 1781)*

209 *Voltaire in der Hölle*
210 *»Der Genius Voltaires und Rousseaus führt die beiden berühmten Schriftsteller
in den Tempel des Ruhmes und der Unsterblichkeit.«*
211 *Die göttliche Gerechtigkeit*

212 *Allegorie auf Voltaire*
213 *Allegorie auf Voltaire*
214 *Apotheose Voltaires*

223

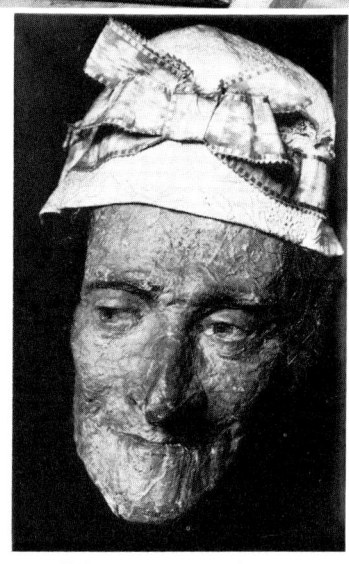

215 *Voltaire an seinem Arbeitstisch.*
Maquette in gebranntem Ton
216 *Maske Voltaires. (Ecole Française)*
217 *Marmorbüste von G. L. Godecharle*
nach Houdon

218 »*Der Triumph Voltaires.*« *11.Juli 1791 (Stich von Berthault nach Prieur)*

ZEITTAFEL

1694 Sonntag, 21. November: Geburt des François-Marie Arouet (Voltaire gab bisweilen an, am 20. Februar geboren zu sein). Eltern: François Arouet (geb. 1651), Notar am Châtelet, dem Pariser Justizpalast, später Königlicher Rat, und Marie Catherine (geb. um 1661), aus dem Hause Daumart de Mauléon.

1695 Versailles ist fertig gebaut

1696 Geburt von Armand de Richelieu, Voltaires Freund

1697 Sein Pate, abbé de Châteauneuf, läßt ihn Fabeln von LaFontaine aufsagen

1701 Tod der Mutter

1704 Im Oktober Eintritt ins Jesuitenkolleg Louis-le-Grand
19. Dezember: Ninon de Lenclos vermacht dem jungen Arouet 1 000 Francs, »ihm Bücher zu besorgen«

1706 François schreibt im Kolleg seine erste Tragödie »Amulius und Numitor«, die allerdings verschollen ist. Wird dem Grand Prieur de Vendôme im »temple« vorgestellt

1708 Tod des abbé de Châteauneuf am 16. Dezember

1709 Hungersnot in Frankreich

1710 Veröffentlichung des ersten Werks: »Nachahmung der Ode auf St. Geneviève des Pater Lejay«, unterzeichnet mit: »François Arouet, Student der Rhetorik und Pensionär am Kolleg Louis-le-Grand«. Geburt Louis' XV.

1711 Verläßt am 5. August das Kolleg und wird Student der Rechte

1712 Geburt von Marie-Louise Mignot, der späteren Mme Denis
Geburt Friedrichs II.
»Ode auf das Gelübde Louis' XIII.«
Pockenepidemie

1713 Aufenthalt in Caen: Voltaire erregt Anstoß im Salon der Mme de Osseville mit seiner freizügigen Denkungsart; er verbindet sich mit dem Jesuitenpater de Couvrigny. September: Als Sekretär im Gefolge des Marquis de Châteauneuf, Bruder des Paten und Botschafter in Den

Haag. Verliebt sich unter Aufsehen in Olympe Dunoyer, Tochter einer ausgewanderten Protestantin. Wird am 24. Dezember nach Paris zurückgeschickt; der Vater will ihn nach Amerika deportieren lassen.

»Ode über die Ungeschicke der Zeit«

»Bulle Unigenitus« von Clemens XI. gegen die Jansenisten

1714 Gibt Rechtsstudium auf und wird Gehilfe beim Advokaten Alain, wo er Thiériot kennenlernt, seinen zukünftigen Gelegenheitshandlanger. Umgang mit Aristokraten und »libertins« in der Gesellschaft des temple. Verfehlt den Dichterpreis der Académie Française, um den er sich mit »Le vœu de Louis XIII.« beworben hatte. Zwei Gedichte erregen Anstoß: »Le Bourbier«, »L'Anti-Giton«

1715 Arbeit an »La Ligue«, der späteren »Henriade«, und an »Oedipe«, woraus er vor der Herzogin du Maine vorliest.

Tod Louis' XIV.; anstelle des noch minderjährigen Louis XV. übernimmt Herzog Philippe d'Orléans die Regentschaft

1716 Exil in Tulle, dann in Sully-sur-Loire, auf Grund eines satirischen Gedichts. Verbindung mit Suzanne de Livry.

»Puero regnante«, Spottgedicht auf den Regenten

1717 Zurück in Paris. Beginn der Niederschrift der »Henriade«. Wird am 16. Mai wegen einer Satire auf den Regenten in die Bastille gesteckt.

Gedicht »Je les ai vu«

1718 11. April: Entlassung aus der Bastille, Exil in Châtenay. 18. November: Die Premiere von »Oedipe« wird ein großer Erfolg.

1719 »Oedipe« erscheint mit dem Namen Voltaire. Mondänes Leben, besucht die Schlösser Sully, Villars, Le Bruel

1720 Februar: Premiere von »Artemire«. Aufenthalte in Richelieu; bei Lord Bolingbroke im Schloß La Source. Lektüren aus der »Henriade«. Bankrott des Finanzsystems von Law, dessen Bank 1718 zur staatlichen Einrichtung geworden war. Law wird abgelöst von den Brüdern Pâris, Geschäftsfreunden Voltaires.

1721 Voltaire bietet dem Regenten das Manuskript der »Henriade« an.

1722 Arouet Vater stirbt. Juli bis Oktober: Reise nach Cambrai, Brüssel und Den Haag mit Mme de Rupelmonde. Trifft in Brüssel J.-J. Rousseau, mit dem er sich zerstreitet.
»Das Für und Wider«

1723 In Rouen und bei den de Bernières in La Rivière-Bourdet. Veröffentlichung von »La Ligue«. Erkrankt schwer an Pocken und wird von Adrienne Lecouvreur gepflegt. Tod seines Freundes Genonville. »Versuch über die Bürgerkriege«, »Marianne«
Tod des Regenten, Louis XV. tritt die Regierung an

1724 Premiere von »Marianne«. August: mit dem Herzog de Richelieu in den Bädern von Forges. Schlechter Gesundheitszustand. »Artemire«
Gründung der Pariser Börse

1725 Premiere des »Indiscret«. Voltaire steht in der Gnade der Agnes de Prie. Lernt Desfontaines kennen. Bei der Hochzeit Louis' XV. werden drei Stücke Voltaires aufgeführt; er erhält Jahresrenten von König und Königin.
Erste Freimaurerloge in Paris

1726 4. Februar: Voltaire wird von den Servanten des Chevalier de Rohan verprügelt. 17. April: Weil er ein Duell provozieren will, wird er zum Schutz Rohans in die Bastille gesteckt. 5. Mai: Überfahrt von Calais nach England. Fährt im Juli heimlich nach Paris, um etwas gegen Rohan zu unternehmen. Voltaires zwei Bankiers in London machen Pleite. September: seine acht Jahre ältere Schwester Marguerite Catherine Mignot stirbt. Herbst: Voltaire lernt bei einem Quäker Englisch; er sieht »Hamlet«
Affäre der Konvulsionäre auf dem Friedhof von StMedard in Paris

1727 Januar: Voltaire wird König Georg I. vorgestellt.

8. April: Er wohnt der feierlichen Beerdigung Newtons in Westminster bei. Dezember: Veröffentlichung von »Essay on civil wars« und »Essay on epick poetry«. Vorarbeiten für die »Geschichte Karls XII.«.
Voltaire lernt in England Swift, Pope, Congreve und Gay kennen.

1728 März: Erfolgreiche Veröffentlichung mit Subskription der »Henriade« in London, die er der englischen Königin gewidmet hat. Ende 1728: Rückkehr nach Frankreich, nicht nach Paris.

1729 April: Voltaire darf wieder in Paris wohnen. Mai: Aufenthalt am Lothringer Hof. Placiert sein Vermögen bei den Brüdern Pâris. Sprengt mit LaCondamine die neue Lotterie von Pelletier-Desforts.

1730 15. März: Tod der Schauspielerin Adrienne Lecouvreur, deren Leichnam auf den Schindanger geworfen wird, weil der Klerus dem »fahrenden Volk« ein Begräbnis verweigert. Voltaire entrüstet sich darüber in »Der Tod des Fräulein Lecouvreur«. Mit Richelieu in den Bädern von Plombières. Dezember: Erfolgreiche Premiere von »Brutus«

1731 Januar: Die Polizei beschlagnahmt die 1. Auflage der »Geschichte Karls XII.«. Aufenthalt in Rouen. Dezember: Voltaire wohnt bei Mme de Fontaine-Martel. Liest seine Tragödie »Brutus« vor zehn Jesuitenpatern.

1732 7. März: Premiere von »Eryphile«, einer vorsichtigen Nachahmung »Hamlets«. Mai: Beginn der Arbeit am »Jahrhundert Louis' XIV.« Juni: Erste Ausgabe von »Werken« von Voltaire. 13. August: Triumphaler Erfolg der Tragödie »Zaïre«. Dezember: Schreibt »Der Tempel des Geschmacks«. »Les originaux ou M du Cap-Vent«, Komödie. Der Friedhof von StMedard wird geschlossen

1733 Januar: Veröffentlichung der Literatursatire »Der Tempel des Geschmacks«: Aufgebrachte Reaktionen der Pariser Schriftsteller gegen Voltaire. Juni: Beginn der Verbindung mit Emilie du Châtelet. Juli: Fügt zu den »Lettres philosophiques« die Anmerkungen zu

Pascal hinzu. »Alzire«, »Tamis et Zélide«, Tragödien; »Samson«, Oper

1734 Heimlicher Druck bei Jore in Rouen und Veröffentlichung der »Philosophischen Briefe«. Premiere von »Adélaïde du Guesclin«

      7. April: Wohnt der Hochzeit Richelieus bei. 10. Juni: Die »Philosophischen Briefe« werden zu Pranger und Feuer verurteilt, gegen Voltaire ein Haftbefehl erlassen. Voltaire richtet sich ein bei den Châtelets in Cirey, in Lothringen, wo 15 Jahre lang sein hauptsächlicher Wohnsitz sein wird. Beginn der Niederschrift der »Jungfrau«. Der Herzog von Holstein, russischer Präsumtiverbe, bietet ihm an, in seine Dienste zu treten.

1735 Arbeit an der »Jungfrau« und dem »Jahrhundert Louis' XIV.«. Streit mit Desfontaines. März: Erlaubnis, nach Paris zurückzukehren. Mai: Aufenthalt am Lothringer Hof. 11. August: Premiere der Tragödie »Der Tod des Julius Cäsar«.

1736 27. Januar: Premiere von »Alzire oder die Amerikaner«. April: Prozeß mit Jore. Beginn des Streits mit LeFranc de Pompignan. Emilie lernt Englisch und übersetzt Mandeville. 8. August: Beginn der Korrespondenz mit Kronprinz Friedrich von Preußen. 10. Oktober: Premiere von »Das Wunderkind«. November: »Le Mondain« (Der Weltmann) ist in Umlauf gekommen; weil Voltaire selbst in Cirey nicht mehr sicher ist, geht er am 9. Dezember für einige Wochen nach Holland.

1737 Januar, Februar: Amsterdam und Leyden; Druck der »Elemente der Philosophie Newtons«. März: Zurück in Cirey. Eifriger Briefwechsel mit Friedrich. Armand Arouet, Bruder Voltaires und Konvulsionär, wird seiner jansenistischen Aktivitäten wegen festgenommen. Dezember: Ende der Niederschrift von »Merope«

1738 Verfaßt die ersten »Reden über die Menschen«. Wissenschaftliche Experimente mit Mme du Châtelet. Voltaires Nichte Marie-Louise Mignot heiratet Nicolas-Charles Denis. 2. Mai: Voltaire und Emilie haben sich unabhängig voneinander, und beide vergebens, um den

Preis der Akademie der Wissenschaften mit einer Arbeit über die Natur des Feuers beworben. Veröffentlichung der »Elemente der Philosophie Newtons«. Schreibt »L'Envieux« (Der Neider). Dezember: Aufenthalt der Mme de Graffigny in Cirey; Lektüren aus dem »Jahrhundert Louis' XIV.« und der Bibel. Der mit Voltaire zerstrittene Desfontaines veröffentlicht die »Voltairomanie« als Antwort auf Voltaires »Préservatif contre Desfontaines«.

1739 15. Mai: Voltaire fährt mit Mme du Châtelet nach Holland. Von nun an ständig Reisen zwischen Brüssel, Cirey und Paris. Schreibt in Paris die »Antwort auf alle hauptsächlichen in Frankreich gegen die Philosophie Newtons vorgebrachten Einwände«, November: Wieder in Cirey. Veröffentlichung des »Lebens Molières« und der Sammlung »Flüchtige Stücke in Vers und Prosa«, die beschlagnahmt wird.

1740 Januar: Voltaire sieht den »Anti-Machiavel« Friedrichs II. durch und setzt sich in dessen Auftrag gegen die Drucklegung der Schrift in Den Haag ein. 8. Juni: Premiere von »Zulime«. 11. September: Erstes Treffen Voltaires mit Friedrich II. bei Kleve, weitere Treffen im November in Rheinsberg und Berlin. Dezember: Rückkehr nach Belgien. »Pandore«, Oper

1741 April: Premiere von »Mahomet« in Lille. Im Verlauf des österreichischen Erbfolgekriegs zieht Voltaire über d'Argenson Gewinn aus der Versorgung mit Fleisch und Munition. Lord Chesterfield besucht Voltaire. Juni: Beginn der Arbeit am »Versuch über die Sitten«. Oktober: in Paris. Dezember: in Cirey.

1742 Reise in die Franche-Compté. Juli: Friedrich II. läßt in Paris Voltaires Brief herumreichen, in dem dieser ihm gratuliert, das französische Bündnis verlassen zu haben. 19. August: Die Pariser Premiere der Tragödie »Mahomet« löst einen Skandal unter den Frömmlern aus. Nach drei Vorstellungen läßt Voltaire sein Stück absetzen. Anfang September: Voltaire trifft in halboffiziellem Auftrag Friedrich II. in Aachen.

Die Raubdrucke der Werke Voltaires mehren sich.

1743 20. Februar: Premiere von »Merope«; das Publikum applaudiert Voltaire. 22. März: Fällt bei der Académie durch. Juni: in diplomatischem Auftrag in Berlin, wo Friedrich II. in zurückzuhalten sucht; Mme du Châtelet fürchtet, verlassen zu werden. November: wieder in Frankreich. 3. November: Voltaire wird in die Londoner Royal Society gewählt. Veröffentlichung von »Mahomet«

1744 Veröffentlichung von »Merope«. April: Schreibt die »Prinzessin von Navarra« in Cirey. September: in Champs beim Herzog de Vallière. Oktober: in Paris. 28. November: Voltaires Schulkamerad d'Argenson wird Außenminister.

1745 Zu Jahresbeginn in Versailles wegen der Proben zur »Prinzessin von Navarra«. 18. Februar: Tod Armands. 25. Februar: Bei der Hochzeit des Thronfolgers Premiere der Ballettkomödie »Die Prinzessin von Navarra«. 1. April: Voltaire wird zum Hofhistoriographen des Königs von Frankreich ernannt. Wahl in die Edinburger Royal Society. Mai: Das Gedicht auf die Schlacht von Fontenoy erfreut sich großer Beliebtheit und erlebt zahlreiche Auflagen. Aufenthalt in Champs. Briefwechsel mit dem Papst. »Der Tempel des Ruhms« von Voltaire und Rameau wird aufgeführt; Voltaire macht sich nach der Premiere mit der Frage: »Ist Trajan zufrieden?« beim König unbeliebt. 15. Dezember: Lernt J.-J. Rousseau kennen. Beginn der Beziehung zu Mme Denis. »Zusammenfassung des Jahrhunderts Louis' XV.«

1746 25. April: Voltaire wird in die Académie Française auf den Sitz Jean Bouhiers gewählt. 28. Juni: Mitglied der Petersburger Akademie. Wird zum Kammerherrn ernannt. Dezember: Macht die Bekanntschaft d'Alemberts. »Semiramis«.

1747 Juli: Erste Niederschrift »Zadigs«. Voltaire flieht zur Herzogin du Maine nach Sceaux, nachdem sein auf englisch gemachter Hinweis an Mme du Châtelet, sie sitze mit Schlitzohren am Spieltisch, von den Mitspielern verstanden worden ist.

1748 Februar bis April: Aufenthalte in Nancy, Lunéville und Commercy am Hofe Stanislas Leszczynskis. Mme du Châtelet verliebt sich in Saint-Lambert. 29. August: Premiere von »Semiramis« – das Publikum mault. Veröffentlichung des »Panégyrique de Louis XV. et de Pandore«. Oktober: Voltaire überrascht Mme du Châtelet in den Armen Saint-Lamberts.

1749 Januar: Arbeit an der »Geschichte des Kriegs von 1741«. April: Mme du Châtelet will ihren »Newton« beenden. Juni: Vorstellung der Komödie »Nanine«. 10. September: Mme du Châtelet kommt mit einem lebensunfähigen Kind von Saint-Lambert nieder und stirbt im Kindbett. Voltaire siedelt, völlig erschüttert, nach Paris über.

1750 28. Juni: Abreise nach Berlin, an den Hof Friedrichs. Fréron taucht auf. »Oreste«, Tragödie.

1751 Arbeitet während des ganzen Jahres am »Jahrhundert Louis' XIV.«, das im Dezember gedruckt wird. LaBeaumelle kommt nach Berlin. Friedrich redet von der »Apfelsine, die man ausdrückt«, und deren Schale man dann wegwerfe. Voltaire bezeichnet seine Korrekturarbeiten an Friedrichs literarischen Produkten als das »Waschen schmutziger Wäsche«.

1752 Skandal Hirschel–Voltaire: Voltaire hatte sich in verbotene Finanzgeschäfte gemischt. Mai: LaBeaumelle verläßt Berlin, überworfen mit Voltaire und Friedrich. Die Feindseligkeiten zwischen Maupertuis und Voltaire werden offen; Friedrich läßt Voltaires Pamphlet auf Maupertuis, »Diatribe du docteur Akakia«, öffentlich verbrennen. Voltaire placiert sein Geld beim Herzog von Württemberg; er ist entschlossen, abzureisen. Oktober: Beendet die »Geschichte des Kriegs von 1741«. Tragödien »Le Duc de Foix«, »Rome sauvée«. Letzte Protestantenverfolgung in Frankreich

1753 27. März: Überworfen mit Friedrich, verläßt Voltaire Berlin und fährt nach Leipzig. 20. April: Gotha, wo er

Aufnahme beim Herzog von Sachsen–Gotha findet. Juni: Festnahme Voltaires in Frankfurt. 29. Juli: glänzende Aufnahme beim pfälzischen Kurfürsten in Schwetzingen. Oktober: läßt sich vorläufig in Colmar nieder, da Louis XV. ihm verboten hat, nach Paris zu kommen. »Annales de l'empire«

1754 Voltaire arbeitet am »Versuch über die Sitten« in der Bibliothek des Benediktiners Dom Calmet, in der Abtei von Senones. August: Bäder in Plombières. 12. Dezember: Genf. Seine Nichte Mme Denis wird Voltaires Hausgenossin. LaBeaumelle vermehrt die Famosschriften gegen Voltaire.

Geburt Louis' XVI.

1755 Februar: Voltaire kauft mit Hilfe der Freunde Tronchin »Les Délices« in Genf. 26. Juli: Voltaire läßt den Druckerverleger Gresset festnehmen, der dabei ist, eine verfälschte Ausgabe der »Jungfrau« zu verlegen, und dem er zuvor selbst verfälschte Teile zukommen läßt. August: Aufführung in Paris des »Orphelin de la Chine«. Das Konsistorium verbietet das Theaterspielen in den »Délices«. 24. November: Voltaire hört vom Erdbeben in Lissabon; er beginnt sein »Gedicht über das Desaster von Lissabon«. Dezember: Beginn der Mitarbeit an der Enzyklopädie. »Saul«, Tragödie

1756 Anläßlich des Siebenjährigen Kriegs bietet Voltaire dem Kriegsministerium Kampfwagen an. Mit Richelieu will er den Admiral Byng retten, der in London zum Tode verurteilt worden ist, weil er eine Schlacht gegen Richelieu verloren hat. Vorbereitung des Artikels »Genf« für die Enzyklopädie; d'Alembert besucht Voltaire in den »Délices«. Veröffentlichung des »Versuchs über die Sitten«

1757 Februar: Auf Bitte des russischen Botschafters beginnt Voltaire die »Geschichte Rußlands«. August/September: Voltaire dient als Mittelsmann zwischen Friedrich II. und Frankreich für Friedensverhandlungen. Voltaire mahnt Friedrich, im Falle eines militärischen Desasters nicht Hand an sich zu legen. Besuch Mme Epinays in Genf. Der Artikel »Genf« in der Enzyklopädie macht Skandal, Voltaire wird verdächtigt, d'Alembert dazu angestiftet zu haben.

1758 8. Februar: Veröffentlichung der »Deklaration der Pastoren« gegen den Artikel »Genf«. Juli–August: in Schwetzingen, beim pfälzischen Kurfürsten. Schreibt »Candide«. Oktober: Affäre Saurin. Niederschrift der »Geschichte Rußlands«. Voltaire kauft Ferney und die Grafschaft Tournay nebst Grafentitel.

1759 Januar: Veröffentlichung von »Candide«. »Tancrède« wird im Mai veröffentlicht, im Oktober in Tournay aufgeführt. Voltaire prägt den Leitsatz: »Ecrasez l'infâme – Zerschlagt die Niederträchtige« gegen die Kirche. »Das natürliche Gesetz« von Voltaire wird am 6. Februar mit der Enzyklopädie und Helvétius' »Vom Geist« vom Parlament verboten. »Socrate«

1760 Ferney. Schwierigkeiten mit dem Genfer Konsistorium. Bruch mit J.-J. Rousseau. März: Kampf gegen LeFranc de Pompignan. Dezember: Adoption des Fräulein Corneille. – Affäre der Jesuiten von Ornex: Voltaire bezahlt die Schulden der Brüder Crassy. Affäre Decroze: Voltaire ergreift Partei für einen jungen Mann, der bei einer leichten Witwe vom – mit Voltaire bereits zerstrittenen – Geistlichen des Nachbarorts verprügelt wurde. »Tancrède« und »Die Schottin« werden in Paris aufgeführt. »Memoiren aus dem Leben des Herrn Voltaire«

1761 Mai: Umbau der Kirche von Ferney. Voltaire wird der Gotteslästerung beschuldigt, weil er ein Kreuz »Krükke« genannt haben soll. Bereitet die Ausgabe der Werke Corneilles mit seinem Kommentar vor, um Fräulein Corneille eine Mitgift zu verschaffen. »Der Tausch, oder wann verheiratet man mich?«, Komödie.
13. Oktober: Selbstmord des Marc-Antoine Calas

1762 Affäre Calas, Affäre Sirven: Voltaire wird zum Anwalt der Verfolgten. Nonotte veröffentlicht: »Die Irrtümer Voltaires«. »Das Recht des Herren«, Komödie.
Das Parlament ordnet die Auflösung des Ordens der Je-

suiten an. Katharina II. ergreift die Macht in Rußland.

1763 Fräulein Corneille heiratet. Der Prozeß Calas wird revidiert. Gibbon besucht Ferney. Veröffentlichung der »Abhandlung über die Toleranz«. »Olympie«, Tragödie, von Fréron als »Oh, l'impie« verkalauert.

1764 17. März: »Olympie« hat wenig Erfolg in Paris. Er schlägt die Einrichtung einer hugenottischen Kolonie in Guayana vor. April: »Rede an die Welschen«, Juni: »Philosophisches Taschenwörterbuch«, »Das Gefühl der Bürger« gegen Rousseau. Aufführung des »Triumvirat«

1765 9. März: Calas wird rehabilitiert. Mai: Veröffentlichung der »Philosophie der Geschichte«. Der russische Botschafter besucht Ferney.

1766 April: Voltaire ergreift bei den Streitigkeiten in Genf zwischen Genfer Bürgern und Zugewanderten, die außerdem die arbeitende Bevölkerung stellen, Partei für die Zugewanderten. Er empfiehlt dem französischen Kanzler, Nutzen aus den Unruhen zu ziehen und Genf »à l'aimable« zu annektieren. Mai: »Der unwissende Philosoph«. 1. Juli: Das »Philosophische Taschenwörterbuch« wird dem Chevalier de LaBarre auf dem Leibe verbrannt. Voltaire zieht sich in die Schweiz zurück und läßt sich von Friedrich II. zusichern, jederzeit in Kleve Zuflucht finden zu können.

1767 Voltaire mischt sich weiter in die Genfer Unruhen ein; Spottgedicht: »Der Bürgerkrieg von Genf«. Veröffentlichung: »L'Ingénu«, »Wichtige Untersuchung des Lord Bolingbroke oder Das Grab des Fanatismus«, »Les Scythes«, »Charlotte, oder Die Gräfin Givri« Revision des Prozesses Sirven.

1768 Streit mit der Nichte Denis, die Ferney für anderthalb Jahre verlassen muß; Voltaire bleibt allein mit seinem Sekretär und Pater Adam. April: Voltaire feiert Ostern. Besuch LaHarpes. »Der Vierzigtalermann«, »Die Prinzessin von Babylon«, »Zusammenfassung des Jahrhunderts Louis XV.«

1769 Besuch von Grétry. Voltaire wird Kapuziner. »Gott

und die Menschen« und andere kirchenfeindliche Schriften, »Les Guèbres«, »Geschichte des Pariser Parlaments«.

1770 Arbeit an den »Fragen zur Enzyklopädie«, die ihn 1772 beschäftigen und neun Bände füllen werden. August: Voltaire schreibt eine Zurückweisung des »Systems der Natur« von Holbach; die atheistische Propaganda von Diderot und von Holbach beunruhigen ihn. Nimmt sich der Leibeigenen des Juragebiets mit Denkschriften und Petitionen an. »Sophonisbe«, Tragödie. Oktober: Mme Denis kommt zurück nach Ferney.

1771 Sirven wird entlastet. »La Méprise d'Arras« gegen die alten Parlamente.

1772 »Ode« anläßlich des 200. Jahrestages der Bartholomäusnacht. »Brief an Horaz«. LeKain spielt im Theater von Ferney. 23. November: Thiériot stirbt. Dezember: Besuch des Fräulein de Saussure; im Gespräch mit ihr soll Voltaire Schwächeanfälle gehabt haben. Geschmeichelt dementiert er bloß schwach. »Le depostaire«, Komödie, »Die Pelopiden«, Tragödie

1773 Januar: Voltaire hofft, nach Paris zurückkehren zu dürfen nach dem Erfolg der »Gesetze des Minos«, aber das Stück wird nicht einmal gespielt. Februar–März: Erkrankt schwer und mit bleibenden Folgen an Blasenentzündung und Harndrang. Schenkt Mme du Barry Uhren aus seiner Fabrikation. »Historische Fragmente über Indien«
Diderot geht vorübergehend an den Hof Katharinas II.

1774 Veröffentlicht »Der einäugige Lastträger« und »Der weiße Stier«; »Sophonisbe« wird bei der Premiere in Paris ausgelacht und ausgepfiffen, Voltaire bemüht sich vergeblich um die Rehabilitierung eines Genossen LaBarres, der nach Preußen geflüchtet war. 10. Mai: Tod Louis' XV.; in Versailles denkt man an Voltaires Nachlaß

1775 Aufenthalt der Mme Suard in Ferney. Turgot erläßt auf Betreiben Voltaires die Lösung des Landes Gex, worin Ferney liegt, aus der Finanzpacht; die Bevölkerung feiert Voltaire. Bei Cramer in Genf erscheint die ›gerahmte‹ Ausgabe der Werke Voltaires. »Dom Pèdre, König von Kastilien«, Tragödie

1776 Zahlreiche Besucher in Ferney. »Die Bibel, endlich erklärt«, »L'hôte et l'hôtesse«, Divertissement

1777 Kaiser Joseph II. fährt an Ferney vorbei, während Voltaire ihn erwartete. »Irène«

1778 10. Februar: Ankunft in Paris. 11. Februar: Voltaire empfängt 300 Besucher. 2. März: Voltaire unterzeichnet einen Widerruf, erhält Absolution vom Abt Gautier, verweigert die Kommunion. 30. März: Er hat sich von einer vorübergehenden Verschlechterung seines Gesundheitszustandes erholt. Tag der Apotheose: Ehrung in der Académie, triumphale Aufführung der Tragödie »Irène«, Paris feiert Voltaire. Trifft Franklin und Diderot. 7. April: Aufnahme in die Freimaurerloge der »Neun Schwestern«. 7. Mai: Er schlägt der Académie das Projekt eines neuen Diktionärs vor. 11. Mai· letzte schwere Erkrankung. 30. Mai: Tod Voltaires. In der selben Nacht noch wird der Leichnam seziert, in die Abtei Seillières in der Champagne überführt und dort beigesetzt. Mme Denis verkauft Ferney; die Bibliothek kauft Zarin Katharina.

1791 Überführung der sterblichen Reste Voltaires ins Panthéon auf Beschluß der Nationalversammlung.

1814 Royalistische Gegner der Französischen Revolution stehlen den Leichnam Voltaires aus dem Panthéon und vergraben ihn irgendwo bei der Seine.

BRIEF VOLTAIRES
AN ROUSSEAU

zu dessen »*Rede über den Ursprung und die Gründe der Ungleichheit
unter den Menschen*« *(erschienen 1755)*

Paris, 30. August

Ich habe, mein Herr, Ihr neues Buch wider das Menschengeschlecht erhalten; ich danke Ihnen dafür. Sie werden den Leuten, denen Sie ihre Wahrheiten sagen, gefallen, aber Sie werden sie nicht verbessern. Man kann nicht mit den stärksten
Farben die Schrecken der menschlichen Gesellschaft malen,
von denen sich unser Unwissen und unsere Schwäche soviel
Trost versprechen. Man hat niemals so viel Geist verwandt,
uns dumm machen zu wollen; wenn man Ihr Werk liest, kriegt
man Lust, auf allen vieren zu laufen. Indes spüre ich unglücklicherweise, da mehr als sechzig Jahre vergangen sind, seit ich
diese Gewohnheit abgelegt habe, daß es mir unmöglich ist, sie
wieder aufzunehmen, und ich überlasse diese natürliche Hal-
tung jenen, die ihrer würdiger sind als Sie und ich. Ich kann
mich auch nicht einschiffen, die Wilden Kanadas aufzusu-
chen: erstens, weil mich die Krankheiten, die auf mir lasten,
beim größten Arzt Europas zurückhalten, und weil ich bei den
Missouris nicht dieselbe Hilfe finden würde; zweitens, weil
Krieg in jenes Land getragen wurde, und weil das Vorbild unserer Völker die Wilden fast ebenso böse wie uns gemacht hat.
Ich beschränke mich darauf, ein friedfertiger Wilder zu sein in
der Einsamkeit, die ich mir bei Ihrer Heimat gewählt habe,
wo Sie sein sollten.
Ich stimme mit Ihnen überein, daß die Literatur und die Wissenschaften gelegentlich viel Unglück verursacht haben. Die
Feinde des Tasso machten aus seinem Leben eine Kette von
Unglücken; die des Galilei ließen ihn mit siebzig im Gefängnis
ächzen, weil er die Erdbewegung kennengelernt hatte, und
das Beschämendste ist, daß sie ihn zwangen, sich zu widerrufen. Seit Ihre Freunde das Enzyklopädische Diktionär begonnen haben, bezeichneten jene, die ihre Rivalen zu sein wag-
ten, sie als Deisten, Atheisten, und sogar als Jansenisten.

Wenn ich mich zu denen zu zählen wagte, deren Arbeiten nichts als Verfolgung denn Anerkennung fanden, zeigte ich Ihnen Leute, denen an meinem Verderben gelegen ist seit dem Tage, an dem ich die Tragödie »Oedipe« geben ließ; eine Bibliothek lachhafter, gegen mich gedruckter Verleumdungen; einen Priester, früher Jesuit, den ich vor dem letzten Leid bewahrt hatte, der es mir vergilt mit den ihm erwiesenen Dienst diffamierenden Famosschriften; einen Mann, noch schuldiger, der mein eigenes Werk vom »Jahrhundert Louis' XIV.« mit Anmerkungen drucken läßt, in denen die krasseste Unkenntnis die infamsten Verleumdungen hervorspuckt; einen anderen, der einer Buchhandlung einige Kapitel einer angeblichen Universalgeschichte unter meinem Namen verkauft; den Buchhändler, der habgierig genug ist, diese unförmige Aneinanderreihung von Schnitzern, falschen Daten und verstümmelten Fakten und Namen abzudrucken; und schließlich Leute, die lasch und böswillig genug sind, mich der Veröffentlichung dieser Rhapsodie zu bezichtigen. Ich zeigte Ihnen die von dieser dem gesamten Altertum unbekannten Art Leute angesteckte Gesellschaft, die, unfähig einen anständigen Beruf zu ergreifen, sei es mit Winkelzügen, sei es dummdreist, und unglücklicherweise des Lesens und Schreibens mächtig, sich zu Literaturkupplern machen, von unseren Werken leben, Manuskripte stehlen, sie entstellen und sie verkaufen. Ich könnte mich beklagen, daß Bruchstücke eines vor fast dreißig Jahren zu einer Angelegenheit gemachten Spaßes, die Chapelain ernsthaft zu behandeln die Dummheit hatte, heute herumgereicht werden aufgrund der Untreue und Habgier jener Unseligen, die zu diesem Spaß ihre Grobheiten gemengt haben, die die Leerstellen davon mit soviel Dummheit und Bosheit aufgefüllt haben, und die schließlich, nach dreißig Jahren, überall als Manuskript verkaufen, was nur ihres ist, und nur ihrer würdig. Ich fügte hinzu, daß man mir zuletzt einen Teil des Materials gestohlen hat, das ich in den öffentlichen Archiven gesammelt habe, damit es einer »Geschichte des Krieges von 1741« diene, als ich Historiograph Frankreichs war; daß man sich nach Belieben meiner Güter bemächtigt, als wäre ich schon tot, und daß man sie entstellt, um sie zu versteigern. Ich stellte Ihnen die Undankbarkeit dar, den Betrug und die Räuberei, die mich seit vierzig Jahren bis an die Füße der Alpen verfolgen, bis an den Rand meines Grabes. Was aber werde ich aus all diesen Widrigkeiten schließen? Daß ich mich nicht beklagen darf; daß Pope, Descartes, Bayle, le Camoens und hundert andere dasselbe Unrecht erfuhren, und noch größeres; daß dieses Schicksal fast all denen zu eigen ist, die die Liebe zu den Geisteswissenschaften zu sehr verführt hat.

Gestehen Sie doch ein, mein Herr, daß dieses kleine einzelne Unglücke sind, die die Gesellschaft kaum wahrnimmt. Was macht es der Menschheit, daß irgendwelche Hornissen irgendwelchen Bienen den Honig stehlen. Die Schriftsteller machen großen Lärm um all diese kleinen Streitigkeiten, der Rest der Welt kennt sie entweder nicht, oder lacht darüber. Von allen über das menschliche Leben geschütteten Bitternissen sind dies die am wenigsten unheilvollen. Die mit der Literatur und einem bißchen Ruf verbundenen Dornen sind nichts als Blumen im Vergleich zu anderen Übeln, die seit aller Zeit schon die Erde überschwemmten. Gestehen Sie ein, daß weder Cicero, noch Varro, noch Lukrez, noch Vergil, noch Horaz den geringsten Anteil hatten an den Verfolgungen. Marius war unwissend; der Barbar Sulla, der liederliche Antonius, der schwachsinnige Lepidus lasen wenig Plato und Sophokles; und was den mutlosen Tyrann Oktavius Cepias angeht, den man so schlaff Augustus nannte, er war nur zu der Zeit ein abscheulicher Mörder, wo ihm die Gesellschaft von Schriftstellern vorenthalten war.

Gestehen Sie, daß nicht Petrarca und Boccaccio die Unruhen Italiens entstehen ließen; gestehen Sie, daß der Spaß des Marot nicht die Bartholomäusnacht hervorrief, und daß die Tragödie vom Cid nicht die Unruhen der Fronde verursachte. Die großen Verbrechen sind fast nur von berühmten Unwissenden begangen worden. Was aus dieser Welt immer ein Jammertal macht und machen wird, sind die unstillbare Gier und der unbezwingbare Hochmut der Menschen, seit Thomas Kouli-Kan, der nicht lesen konnte, bis zu einem Zollbeamten, der bloß chiffrieren kann. Die Geisteswissenschaften ernähren die Seele, richten sie aus und trösten sie; sie dienen Ihnen, mein Herr, zu der Zeit, wo Sie gegen sie schreiben. Sie sind wie Achill, der sich gegen den Ruhm wendet, und wie Pater Malebranche, dessen brillante Vorstellungskraft gegen die Vorstellungskraft schrieb.

Wenn jemand sich über die Literatur beklagen sollte, dann bin ich das, da sie zu jeder Zeit und überall dazu diente, mich zu verfolgen; aber man muß sie doch lieben, trotz des Mißbrauchs, den man damit treibt; wie man die Gesellschaft lieben muß, deren Annehmlichkeiten so viele böse Menschen verderben; wie man sein Vaterland lieben muß, welche Ungerechtigkeiten man dort auch erfährt; wie man das Höchste Wesen lieben und ihm dienen muß, trotz des Aberglaubens und des Fanatismus, die seinen Dienst so oft entehren.

Herr Chappuis teilt mir mit, Ihre Gesundheit sei recht schlecht; es wäre nötig, sie in heimatlicher Luft wiederherzustellen, sich der Freiheit zu erfreuen, mit mir die Milch unserer Kühe zu trinken und unsere Kräuter zu grasen.

Ich bin sehr philosophisch und mit herzlichster Hochachtung, etc.

ROUSSEAUS ANTWORT
AN VOLTAIRE

Paris, 10. September 1755

Es ist an mir, mein Herr, Ihnen in jeder Beziehung zu danken. Indem ich Ihnen den Entwurf meiner traurigen Träumereien schenkte, glaubte ich nicht, Ihnen ein Ihrer würdiges Geschenk zu machen, sondern eine Pflicht zu erfüllen und die Huldigung zu leisten, die wir alle Ihnen als unserem Haupt schulden. Empfindlich, im übrigen, auf die Ehre, die sie meinem Vaterland machen, teile ich die Anerkennung meiner Mitbürger, und ich hoffe, daß sie sich nur noch mehren wird, wenn sie Nutzen gezogen haben aus den Anleitungen, die Sie ihnen geben können. Verschönern Sie Ihr gewähltes Asyl: klären Sie ein Volk auf, das Ihrer Lektionen würdig ist; und lehren Sie, der Sie so gut die Tugenden und die Freiheit darzustellen wissen, und sie hegen in unseren Mauern wie in Ihren Schriften. Wer immer sich Ihnen nähert, soll von Ihnen den Weg des Ruhms gewiesen bekommen.

Sie sehen, daß ich nicht danach trachte, uns in unserem Unverstand wiederherzustellen, obwohl ich für meinen Teil das Wenige, das ich davon verloren habe, sehr bedaure. Was Sie betrifft, mein Herr, so wäre diese Rückkehr ein Wunder, zugleich so großartig und so schädlich, daß es allein Gott zusteht, es zu vollbringen, und dem Teufel, es zu wollen. Versuchen Sie also nicht, wieder auf vier Pfoten zu kommen; niemand auf der Welt hätte da weniger Erfolg als Sie. Sie richten uns zu gut auf unseren zwei Füßen auf, um aufzuhören, sich auf den Ihren zu halten.

Ich stimme mit Ihnen überein hinsichtlich der Mißgeschicke, die die in den Geisteswissenschaften berühmten Leute verfolgen; ich stimme mit Ihnen auch überein hinsichtlich der mit der Menschheit verbundenen Übel, die unabhängig zu sein scheinen von unseren leeren Kenntnissen. Die Menschen haben selbst über sich so viele Quellen des Unheils geöffnet, daß sie, wenn der Zufall eine davon umleitet, kaum weniger davon überschwemmt werden. Übrigens gibt es im Lauf der Dinge verborgene Verbindungen, die der Gemeine nicht wahrnimmt, die aber dem Blick des Weisen nicht entgehen werden, wenn er darüber nachdenken will. Es sind weder Terenz, noch Cicero, noch Vergil, noch Seneca, noch Tacitus; es sind weder die Weisen noch die Dichter, die die Unglücke Roms und die Verbrechen der Römer hervorriefen: aber ohne das langsame und heimliche Gift, das nach und nach die fähigste Regierung verdarb, die die Geschichte erwähnt, hätten weder Cicero noch Lukrez noch Sallust existiert oder irgend etwas geschrieben. Das liebliche Jahrhundert von Lelius und Terenz führte von weitem das glänzende Jahrhundert von Augustus und Horaz heran, und schließlich die schrecklichen Jahrhunderte von Seneca und Nero, von Domitian und Martial. Der Geschmack für die Geisteswissenschaften und die Künste wird bei einem Volk von einem Laster geboren, das er vermehrt; und wenn es wahr ist, daß alle menschlichen Fortschritte der Gattung schädlich sind, beschleunigen die des Geistes und der Kenntnisse, die unseren Hochmut mehren und unsere Verirrungen vervielfachen, bald unsere Unglücke. Aber es kommt eine Zeit, wo das Übel so beschaffen ist, daß die Ursachen selbst, denen es entsprungen ist, nötig sind, es abzuhalten, sich zu vermehren; es ist das Eisen, das man in der Wunde lassen soll aus Angst, der Verwundete könne sterben beim Herausziehen. Was mich betrifft, wenn ich meinem ersten Ruf gefolgt wäre und weder gelesen noch geschrieben hätte, so wäre ich damit sicherlich glücklicher gewesen. Wenn jetzt indes die Geisteswissenschaften ausgerottet wären, wäre mir das einzige Vergnügen, das mir bleibt, vorenthalten. Es ist in ihrer Mitte, daß ich mich von allen meinen Übeln tröste: es ist unter jenen, die sie pflegen, daß ich die Annehmlichkeiten der Freundschaft schmecke, und daß ich das Leben zu genießen lerne, ohne den Tod zu fürchten. Ich schulde ihnen das bißchen, das ich bin; ich schulde ihnen selbst die Ehre, Ihnen bekannt zu sein; doch befragen wir die Absicht in unseren Geschäften und die Wahrheit in unseren Schriften. Auch wenn Philosophen, Geschichtler und Gelehrte nötig wären, die Welt aufzuklären und ihre Bewohner zu führen; wenn mir der weise Memnon die Wahrheit gesagt, hat, dann kenne ich nichts so Närrisches wie ein Volk von Gelehrten.

Stimmen Sie mir da zu, mein Herr; wenn es gut ist, daß große Geister die Menschen unterweisen, dann muß der Gemeine ihre Unterweisungen annehmen: wenn jeder welche geben wollte, wer wollte sie erhalten? Die Lahmen, sagt Montaigne, sind ungeeignet für Übungen des Körpers; und für Übungen des Geistes sind es die lahmen Seelen.

Doch in diesem gebildeten Jahrhundert sieht man bloß Lahme, die andere gehen lehren wollen. Das Volk nimmt die Schriften der Gelehrten, um sie zu beurteilen, nicht um sich zu bilden. Niemals sah man soviel Laffen. Das Theater wimmelt davon, die Cafés hallen wider von ihren Sprüchen; sie stellen sie in den Zeitungen aus, die Uferstraßen sind voll ihrer Schriften, und ich höre »L'Orphelin« kritisieren, weil man solch einem schlechten Künstler zuklatschte, der so wenig in der Lage ist, die Fehler daran zu sehen wie er kaum die Schönheiten daran spürt.

Suchen wir die erste Quelle der gesellschaftlichen Unordnungen, wir werden finden, daß alle Übel den Menschen viel mehr aus dem Irrtum als aus der Unkenntnis erwachsen, und daß, was wir nicht wissen, uns viel weniger schadet als was wir zu wissen glauben. Nun, welch sichereres Mittel gibt es, von einem Irrtum auf den nächsten zu verfallen, als die Wut, alles zu wissen? Hätte man nicht vorgegeben zu wissen, daß die Erde sich nicht dreht, hätte man Galilei nicht dafür bestraft, gesagt zu haben, daß sie sich dreht. Wenn einzig die Philosophen den Titel dazu für sich beansprucht hätten, hätte die Enzyklopädie keine Verfolger gehabt. Wenn nicht hundert Knirpse nach Ruhm strebten, könnten Sie sich des Ihren in Frieden erfreuen, oder zumindest hätten Sie nur Gegner, die Ihrer würdig sind.

Seien Sie also nicht überrascht, einige von den die großen Talente krönenden Blumen untrennbare Dornen zu spüren. Die Beleidigungen Ihrer Feinde sind der satyrische Beifall, der dem Geleit der Triumphatoren folgt: es ist die Eilfertigkeit des Publikums für alle Ihre Schriften, die die von Ihnen beklagten Diebstähle hervorruft: aber die Verfälschungen sind da nicht einfach, denn weder Eisen noch Blei verbinden sich mit Gold. Erlauben Sie mir, das zu sagen auf Grund des Interesses, das ich an Ihrer Ruhe und Ihrer Unterweisung habe. Verachten Sie das leere Geschrei, mit dem man Ihnen weniger übel will als Sie abhalten, gut zu tun. Je mehr man Sie kritisiert, desto mehr sollten Sie sich bewundern lassen. Ein gutes Buch ist eine schreckliche Antwort auf gedruckte Beleidigungen; und wer wagte, Ihnen Schriften zuzuschreiben, die Sie nicht verfaßt haben, so, wie Sie nur unnachahmliche schreiben werden?

Ich bin empfänglich für Ihre Einladung; und wenn dieser Winter mich in der Lage läßt, im Frühjahr meine Heimat zu bewohnen, werde ich dort aus Ihrer Güte Nutzen ziehen. Aber ich würde lieber Wasser aus Ihrem Brunnen trinken als Milch von Ihren Kühen, und was die Kräuter Ihres Gartens angeht, so fürchte ich, dort nichts anderes zu finden als den Lotos, der nicht die Nahrung der Tiere ist, und den Moly, der die Menschen es zu werden hindert.

Ich bin von ganzem Herzen und mit Achtung usw.

FRIEDRICH DER II.
REDE AUF VOLTAIRES LEBEN

Eine Ehrenrede, in einer außerordentlichen, besonders dazu
berufenen, öffentlichen Versammlung der königlichen hohen
Gesellschaft der Wissenschaften und schönen Künste zu Berlin abgelesen den 26. des Wintermonats 1778
Aus dem Französischen, Frankfurt und Leipzig 1779
Meine Herren!
Männer von erhabenen und seltenen Geistesfähigkeiten haben sich in allen Jahrhunderten die Verehrung der Völker,
vorzüglich derjenigen, bei denen Aufklärung und Kultur der
Sitten bereits über Vorurteile gesiegt hatte, auch schon zu ihren Lebzeiten, noch mehr aber nach ihrem Tode, erworben.
Man betrachtete sie als Erscheinungen, die Schimmer über
ihr Vaterland verbreiteten. Die ersten Gesetzgeber, die die
Menschen lehrten, in Gesellschaften zusammenzutreten; die
ersten Helden, die für ihre Mitbürger fochten; die Weltweisen, die die Tiefen der Natur erforschten und Wahrheiten
entdeckten; die Dichter, die den Ruhm der schönen Handlungen ihrer Zeitgenossen auf künftige Geschlechter
fortpflanzten; alle diese Männer wurden als höhere, über die
gemeine Menschengattung hinwegsteigende Wesen ange-
staunt; man glaubte, eine Art von besonderer Begeisterung
der Gottheit an ihnen wahrzunehmen. Daher kam es, daß
man dem Sokrates Altäre baute und den Herkules zum Göt-
terrange erhob; daß Griechenland den Orpheus mit Ehren
überhäufte; und sieben Städte miteinander um den Vorzug
stritten, Homers Geburtsort gewesen zu sein.
Das Volk von Athen, dessen Erziehung die vollkommenste
war, wußte die Ilias auswendig herzusagen und feierte mit
warmem Gefühle den Ruhm seiner Urhelden in den Gesängen dieses Gedichts.
Ebenso gewann sich Sophokles, Griechenlands vornehmster
Schauspieldichter, durch seine vorzüglichen Talente die allgemeine Hochachtung, ja sogar die beträchtlichsten Ehren-
stellen, zu denen ihn die Republik der Athenienser berief. Die

ganze Welt weiß es, wie hoch Aischines, Perikles und Demosthenes geschätzt wurden; und daß Perikles zweimal dem
Diagoras das Leben rettete; das erstemal nämlich, als er den-
selben gegen die Wut der Sophisten verteidigte, und das zwei-
temal, als er ihm mit seinen Wohltaten beistand. Wer immer
in Griechenland Geist besaß, der konnte sich die sichere
Rechnung machen, daß er, sogar bis zum Enthusiasmus, Be-
wunderer finden werde. Durch derlei mächtige Aufmunte-
rungen entwickelten sich die Genies, und jeder große Geist
erhielt die nötige Schwungkraft, über die gemeinen Men-
schenbahnen und über die Grenzen der Mittelmäßigkeit hin-
auszufliegen. Was für eine Nacheiferung mußte nicht dazu-
mal die angenehme Nachricht unter den Weltweisen anregen,
daß Philipp, König von Macedonien, den Aristoteles als den
einzigen auswählte, der würdig wäre, Alexanders Lehrmei-
ster zu sein? Im selben schönen Jahrhundert wurde jedem
Verdienst seine Belohnung, jedem Talent seine Verehrung
zugewiesen; man zog die guten Schriftsteller aus dem Haufen
hervor; Thukydides' und Xenophons Werke waren in jeder-
manns Händen; kurz, jeder Bürger schien an dem Ruhm jener
Geister, die damals den Namen Griechenlands über alle übri-
ge Völkerschaften weit hinaus erhoben, selbst Teil zu nehmen.

Nicht lange nachher lieferte uns Rom ein gleiches Beispiel.
Man bewundert dort einen Cicero, der sich durch seinen philosophischen Geist und die Macht seiner Redekunst zu den
höchsten Ehrenstufen aufschwang. Lukrez lebte nicht lange
genug, um alle Früchte seines Ruhms zu ernten. Vergil und
Horaz sahen sich geehrt vom herrlichen Beifall dieses Königs-
volkes, Augustus würdigte sie seines vertraulichsten Um-
gangs, und es wurden die prächtigsten Schenkungen über sie
ausgeschüttet, mit denen dieser arglistige Kaiser diejenigen
belohnte, die durch Verherrlichung seiner Tugenden seine
Laster künstlich zu verdunkeln wußten.

Mit Vergnügen erinnern wir uns an die Epoche der Wiederherstellung der Wissenschaften in unserem Okzident und an
das eifrige Bestreben, mit dem die Medici und einige römische
Päpste sich um die gelehrten Männer bewarben. Wir wissen,

daß man den Petrarca zum Dichter krönte; und daß dem Tasso der zu frühe Tod die Ehre raubte, im selben Kapitol gekrönt zu werden, in dem ehemals Weltbezwinger ihre Triumphe hielten. Ludwig der Vierzehnte, der nach allen Arten von Ruhm geizte, übersah keineswegs die Gelegenheit, durch Belohnung der seltenen, großen Geister, die die Natur unter seiner Regierung hervorbrachte, seinen Namen zu verherrlichen; er begnügte sich nicht, die Bossuet, Fénelon, Racine und Despréaux mit Wohltaten überhäuft zu haben; er breitete sogar seine Wohltätigkeit über alle Gelehrten aus, von was immer für einem Erdstriche sie sein mochten, wenn nur ihr Ruhm bis zu seinem Thron vorgedrungen war.

Solch eine Hochschätzung erwarben sich in allen Weltaltern jene glücklichen Genies, die das menschliche Geschlecht zu adeln scheinen und deren Werke uns die Mühseligkeiten des Lebens erleichtern und erträglich machen.

Es ist demnach sehr billig, daß wir dem Schatten jenes großen Mannes, dessen Verlust ganz Europa betrauert, den Zoll gebührender Lobsprüche und bestverdienter Bewunderung heimzinsen.

Ich habe mir nicht vorgenommen, meine Herren, mich auf eine nähere Bestimmung der häuslichen Lebensumstände des Herrn von Voltaire einzulassen. Die Geschichte eines Königs muß in Hererzählung der Wohltaten, die er über seine Völker verbreitete, eines Kriegsmannes in Beschreibung mitgefochtener Feldzüge, eines Gelehrten in der Anzeige seiner Werke ihre Bestimmung finden. Anekdoten mögen dem Vorwitze zur Unterhaltung dienen; Handlungen dagegen unterrichten. Allein, nachdem es unmöglich ist, über die ganze Menge der Werke, die wir dem schöpferischen Geist des Herrn von Voltaire zu verdanken haben, eine weitschweifige Untersuchung vorzunehmen, werdet ihr, meine Herren, auch mit einer flüchtig hingeworfenen Skizze derselben euch zu begnügen belieben; dabei werde ich die vornehmsten Vorfälle seines Lebens nur im Vorübergehen und nebenher berühren.

Ängstliche Untersuchungen über Herrn von Voltaires Geschlechtsregister würden nur beleidigend sein für seinen Ruhm. Voltaire hatte alles ganz der Natur zu verdanken, wogegen andere alles ihren Vorfahren, nichts sich selbst zu verdanken haben. Er war ganz allein das Werkzeug seines Ruhms und seiner eigenen Glücksumstände. Es erkleckt schon zu wissen, daß seine Eltern, die Staatsbedienstungen bekleideten, ihm eine anständige Erziehung gaben; er studierte im Kollegium Ludwigs des Großen unter Anweisung der Väter Porée und Tournemine, die die ersten waren, denen das Glück vom Himmel beschieden war, die sich allmählich losschlagenden Funken jenes nachher so hell auflodernden Feuers, von dem später alle seine Werke flammten, in ihrer Entstehung zu entdecken.

Herr von Voltaire, obgleich noch jung, wurde dennoch keineswegs mit den selben Augen betrachtet, mit denen Knaben seines Alters angesehen zu werden pflegen; schon damals gab sich die große Anlage seiner Geistesfähigkeiten, vorzüglich zur Dichtkunst, zu erkennen.

Madame von Rupelmonde nahm ihn darum in ihre Behausung auf: diese Dame, von der Lebhaftigkeit seines Geistes und den Talenten des jungen Dichters eingenommen, führte ihn in die vornehmsten Gesellschaften von Paris ein. Die große Welt war Voltaires Schule, in der sich sein Geschmack bis zu jener sanften Stimmung, jener Feinheit und jenem Grade von Urbanität ausbildete, zu welcher einsame Büchergelehrte niemals gelangen können, die alles schmähen, was immer einer verfeinerten Gesellschaft gefallen mag, die sie zu weit von sich entfernen, um diese selbst prüfen und erkennen zu können. Voltaires Werke sind vor allem ihre gütige Aufnahme und ihre Verbreitung dem Ton der feineren Gesellschaft schuldig, der sie sämtlich überfirnißt.

Schon war sein Trauerspiel »L'Oedipe« und einige ergötzliche Gesellschaftsgedichte vor dem Publikum erschienen, als man in Paris ein Schmähgedicht in übelständigen Versen wider den Herzog von Orléans, den damaligen Beherrscher Frankreichs, verbreitete.

Ein gewisser la Grange, Verfasser dieses Werkes der Finsternisse, fand, um allen Verdacht von sich abzuwenden, Gelegenheit, dieses unter dem Namen des Herrn von Voltaire umherschleichen zu machen.

Das Gouvernement ging mit rascher Übereilung zu Werke; der junge Dichter wurde ungeachtet seiner Unschuld eingezogen und in die Bastille gesperrt, wo er einige Monate unter Verschluß blieb. Allein, gleichwie die Wahrheit früher oder später doch alle Zeit zu Tage tritt, so wurde der Schuldige zur Strafe herangezogen, Herr von Voltaire aber freigesprochen und auf freien Fuß gesetzt. Wer von euch, meine Herren, würde sich vorstellen können, daß unser junger Dichter die ersten zwei Gesänge seiner Henriade in der Bastille verfertigte? Und dennoch ist es so. Sein Gefängnis ward ihm zum Parnasse, wo ihn die Musen begeisterten. Es ist gewiß, daß sein zweiter Gesang so, wie er ihn anfangs gedichtet hatte, unverändert geblieben ist. Mangels Papier und Tinte lernte er die Verse auswendig und behielt sie im Gedächtnis.

Nicht lange nach seiner Entlassung begab er sich, aufgebracht von den unbilligen Ereignissen und Entehrungen, die er in seinem Vaterland ertragen mußte, nach England, wo er nicht nur überaus günstig vom Publikum aufgenommen wurde, sondern auch bald ganze Schwärme von Enthusiasten um sich her versammelte. In London vollendete er die Henriade, die er damals unter dem Titel »Le Poème de la Ligue« herausgab. Unser junger Dichter, der jede Gelegenheit wohl zu nutzen wußte, verlegte sich während seines Aufenthalts in England besonders auf die Weltweisheit: die einsichtsvollsten und tiefsinnigsten Weltweisen hatten damals in diesem Königreiche ihre Blüte; er ergriff sorgfältig den Faden, mit dem der obachtsame Locke sich durch die Irrgänge der Metaphysik geleitet hatte; und mit Hemmung ihrer ungestümen Hitze zwang er seine Einbildungskraft, sich an die mühsamen Berechnungen des unsterblichen Newton zu heften; er wußte sich die Entdeckungen dieses Naturforschers so gut zu eigen zu machen, und sein Fortschritt war so beträchtlich, daß er in einem kurzen Auszug das ganze System dieses Mannes so deutlich erklärte, daß es von aller Welt verstanden werden konnte. Vor ihm war Herr von Fontenelle der einzige Naturlehrer, der die trockenen Beobachtungen der Sternkunde angenehm und auch für den Zeitvertreib des schönen Geschlechts belustigend machte.

Die Engländer waren stolz auf die Ehre, einen Franzosen zu besitzen, der ihre Naturforscher nicht nur der Bewunderung für würdig hielt, sondern sogar ihre Werke in seine Sprache übersetzte. Jeder Edlere, jeder Ansehnlichere von London war voll Eifer, diesen Mann um und bei sich zu haben. Niemals war ein Ausländer mit mehr Gunst von diesem Volk aufgenommen worden.

Allein, so schmeichelhaft immer dieser Triumph für die Eigenliebe war, so hatte dennoch die Liebe zum Vaterland im Herzen unseres Dichters das Übergewicht: Er begab sich wieder nach Frankreich zurück.

Die Pariser, aufmerksam geworden auf Grund des Beifalls, den eine nicht minder verständige und tief denkende Nation unserem jungen Autor gab, fingen an zu zweifeln, ob ein so großer Mann aus ihrer Mitte aufgetreten wäre. Um die selbe Zeit erschienen die Briefe über die Engländer, worin der Verfasser mit treffenden und lebhaften Zügen die Sitten, Künste, Sekten und die Regierungsform dieser Nation schildert. Das Trauerspiel »Brutus«, das gemacht war, diesem freien Volke zu gefallen, folgte bald darauf, wie auch die »Marianne«, und eine Menge anderer Stücke.

Damals befand sich in Frankreich eine Dame, die wegen ihres feinen Geschmacks in Künsten und wissenschaftlichen Dingen in großem Ansehen stand. Ihr werdet es unschwer erraten, meine Herren! daß ich hiermit auf die Hochgeborene Marquisin von Châtelet deute. Sie hatte die philosophischen Werke unseres jungen Autors gelesen und bewarb sich sogleich um seine Bekanntschaft. Die Begierde, sich zu unterrichten, und das Bestreben, die wenigen Menschen begreiflichen Wahrheiten zu ergründen, knüpfte das Band ihrer Freundschaft und machte es unauflöslich. Madame von Châtelet verließ in der Folge gänzlich Leibniz' Theodizee und die sinnreichen Romane dieses Weltweisen und nahm an ihrer Stelle Lockes kluge und beobachtsame Methode an, die weniger dem Vorwitz als vielmehr der strengen Vernunft Genüge leistet. Sie erlernte so viel von den geometrischen Sätzen, wie sie nötig hatte, um Newton in seinen entlegenen Berechnungen zu folgen. Ihre Übung darin war so anhaltend, daß sie einen Auszug dieses Systems zum Gebrauch ihres Sohns selbst verfertigen konnte. Cirey wurde nicht lange danach zum philosophischen Aufenthalt dieser beiden Freunde auserkoren. Hier wurden beiderseits Werke von verschiedenem Inhalt verfertigt, die sie einander mitteilten, um durch gegenseitige Bemerkungen ihre Geburten bis zur vermutlich möglichsten Stufe zu vervollkommnen. Hier war der Geburtsort der »Zaïre«, »Alzire«, »Merope«, »Semiramis«, des »Katilina«, und der »Elektra, oder Orest«. Herr von Voltaire, der alles in die Sphäre seiner Wirksamkeit aufnahm, begnügte sich nicht allein mit der angenehmen Vorstellung, das Theater mit seinen Trauerspielen bereichert zu sehen. Er verfertigte eigens zum Gebrauche der Marquisin von Châtelet den »Versuch über die allgemeine Geschichte«. Die »Geschichte Ludwigs XIV.« und »Karls XII.« waren zuvor schon erschienen.

Ein Autor von so ausgebreiteten und geläuterten Geistesfähigkeiten konnte nicht lange dem Beobachtungsgeist der französischen Akademie verborgen bleiben. Diese bewarb sich um ihn als etwas zu ihr Gehöriges: Er wurde zum Mitglied dieser ansehnlichen Versammlung ernannt, deren herrlichste Zierde er nachher wurde. Ludwig XV. erhob ihn, um seinen Verdiensten auch das äußerliche Ansehen zu verleihen, zur Würde eines Hofkavaliers und macht ihn zum Geschichtsschreiber Frankreichs. Diese Rolle hatte er aber längst, um mich so auszudrücken, erschöpft, als er die Geschichte Ludwigs XIV. schrieb.

Obgleich Herr von Voltaire gegenüber so auffallenden Ehrenbezeugungen nicht unempfindlich war, behielt dennoch das Gefühl der Freundschaft die Oberhand in seinem Herzen. Da dieses fest an Madame von Châtelet hing, konnte keineswegs der Glanz eines so großen Hofes seine Augen so sehr verblenden, daß er nicht der schimmernden Pracht von Versailles den ruhsamen Aufenthalt zu Lunéville oder noch mehr das einsam ländliche Cirey vorzog. Diese beiden Freunde genossen hier in angenehmer Stille den köstlichen Anteil von Glückseligkeit, der der Menschheit vom Himmel beschieden ist: als plötzlich der Tod der Marquisin von Châtelet dieses schöne Bündnis trennte.

Dieser Streich war so niederschlagend für das gefühlvolle Gemüt des Herrn von Voltaire, daß er zur Wiederaufrichtung seiner ganzen Philosophie bedurfte.

Eben um diese Zeit, als er seine ganze Gemütsstärke aufbot, um seine Schmerzen zu besänftigen, wurde er an den preußischen Hof berufen. Der König, der ihn im Jahre 1740 gesehen hatte, verlangte, ein ebenso seltenes wie vortreffliches Genie zu besitzen. Im Jahre 1752 kam er in Berlin an. Nichts entging seinen Kenntnissen: sein Umgang war ebenso lehrreich wie unterhaltend; seine Einbildungskraft ebenso feurig wie mannigfaltig; sein Geist ebenso behende wie seiner gegenwärtig: durch die Grazie seiner Dichtungen ersetzte er die Trockenheit der Gegenstände, die zu behandeln waren: kurz, er machte das Vergnügen und die Wonne aller Gesellschaften aus. Unglückseligerweise erhob sich zwischen ihm und Herrn von Maupertuis ein Zwist, der die beiden Gelehrten gegeneinander empörte, die nur um sich zu lieben, und nicht zum gegenseitigen Haß geschaffen waren. Endlich brachte der Krieg, der im Jahre 1756 ausbrach, den Herrn von Voltaire auf den Gedanken, seinen Wohnsitz in der Schweiz aufzuschlagen. Er begab sich nach Genf und Lausanne: er fühlte nun immer heftigere Triebe, sein Herz den Annehmlichkeiten der Schöpfung ganz aufzuschließen, und ließ sich endlich in Ferney nieder. Studieren und Werkeschreiben belebten seine Muße, er las und schrieb wechselweise: sein schöpferisches Genie beschäftigte demzufolge alle Buchhändler dieser Kantone.

Die Gegenwart des Herrn von Voltaire, das hellaufbrausende Feuer seines Genies und die ungemeine Fertigkeit in seinen Ausarbeitungen ließen die ganze Nachbarschaft glauben, daß man, um ein schöner Geist zu sein, nicht mehr benötige als den Willen. Das war wie eine ansteckende Seuche unter den Schweizern, die sonst den Ruf einer steifen, gesetzten Denkungsart haben; sie fingen nun an, selbst die gemeinsten Alltagssachen nicht anders als durch Gegensätze und Sinnsprüche auszudrücken.

Die Stadt Genf sog die größte Dosis dieser Seuche an sich; ihre Bürger, die sich zum wenigsten Lykurge zu sein dünkten, waren schon im Begriff, neue Gesetze für ihr Vaterland aufzusetzen: wobei sie gegen die wirklichen Gesetze ungehorsam blieben. Diese aus dem Eifer für eine mißverstandene Freiheit entsprungenen Bewegungen gaben Gelegenheit zu einer Art von Aufruhr oder Kriegslärm, der nicht anders als äußerst lächerlich ausfallen konnte. Herr von Voltaire unterließ nicht, diese Begebenheit zu verewigen, da er diesen vorgeblichen Krieg in dem selben Ton besang, in dem einst Homer das Gefecht der Ratzen und Frösche der Nachwelt überlieferte. Seine fruchtbare Feder erzeugte bald Theaterstücke, bald vermischte Schriften aus Philosophie und Geschichte, bald allegorische und sittliche Romane. Allein zur selben Zeit, als er auf solche Weise das Reich der Wissenschaften mit seinen neuen Geburten bereicherte, begab er sich in die Landwirtschaft. Er dient als Beispiel, für wie viel verschiedene Gestalten ein großgeschaffener Geist empfänglich ist. Ferney war ein beinahe verwildertes Stück Land, als unser Philosoph es an sich brachte: er unternahm, es zu bebauen und fruchttragend zu machen; er bevölkerte es nicht nur von neuem, sondern zog auch eine Menge Künstler und Manufakturarbeiter dahin.

Laßt uns, meine Herren, nicht zu früh an die Ursache unserer Trauer zurückdenken: wir wollen den Herrn von Voltaire noch eine Weile in stiller Zufriedenheit in Ferney lassen und einen aufmerksameren und bedächtigeren Blick auf die Menge seiner verschiedenen Erzeugnisse werfen. Die Geschichte meldet, daß Vergil auf seinem Sterbebett die Aeneide verbrennen wollte, weil er sie nicht so vollkommen, wie er es wünschte, zuzufeilen vermochte. Die lange Lebensfrist des Herrn von Voltaire gestattete diesem, sein Gedicht »de la Ligue« zur Genüge zuzufeilen und auszubessern und es auf die Stufe von Vollkommenheit zu bringen, in der es jetzt unter dem Namen der »Henriade« bekannt ist. Die Neider unseres Verfassers tadelten daran, daß dieses Gedicht nichts anderes als eitle Nachahmung der Aeneide wäre. Man muß zwar eingestehen, daß darin einige Gesänge vorkommen, die eine Ähnlichkeit damit in ihren Gegenständen zeigen; allein sind diese keine knechtischen Kopien. Wenn Vergil die Verheerung der Stadt Troja malt, besingt Voltaire die Schrecken des St. Bartholomäus-Tages; die Liebesgeschichte der Dido und des Aeneas kommt mit der Liebesgeschichte Heinrichs IV. und der schönen Gabriela d'Estrée in Vergleich; dem Hinabsteigen des Aeneas in die Hölle, wo ihm Anchises seine Nachkömmlinge vorhersagt, kann man den Traum Heinrichs IV. und die Eröffnung der zukünftigen Dinge entgegensetzen, mit der ihm der Heilige Ludwig das Schicksal des Bourbonischen Hauses aufdeckt.

Wenn ich meine Meinung frei heraus wagen dürfte, so würde ich dem Franzosen mit Absicht in zwei Gesängen, nämlich vom St. Bartholomäus-Tag und vom Traum Heinrichs IV., den Vorzug geben.

Nur in der Liebesgeschichte der Dido scheint Vergil Herrn von Voltaire zu übertreffen. Der Lateiner ist interessanter und spricht ans Herz; der Franzose aber bedient sich nur der Bildersprache. Allein, wenn man beide Gedichte ohne Vorurteile, weder für die alten, noch für die neueren Dichter, untersucht, wird man einstimmig bekennen müssen, daß viele Beschreibungen aus der Aeneide für unsere Tage nicht mehr passen noch in den Schriften unserer heutigen Schriftsteller geduldet werden würden: z. B. das Leichengepränge, mit dem Aeneas seinen Vater Anchises ehrt; die Fabel von den Harpyien; die Weissagung, die diese den Trojanern vorheulten, nämlich daß sie vor Hunger selbst Schüsseln und Teller aufzehren würden; und jene Weissagung, die nachher in Erfüllung ging, von der Schweinsmutter mit ihren neun Jungen, die den Wohnort, an dem Aeneas das Ende seiner Mühseligkeiten finden sollte, bezeichnen mußte; die Schiffe, die sich in Nymphen verwandelten; ein von Ascanius erschossener Hirsch, der den Anlaß gibt zum Krieg zwischen den Trojanern und Rutulern; der Haß, mit dem die Götter die Herzen des Amatus und der Lavinia gegen Aeneas empörten, der nachher die Lavinia selbst zum Weibe bekommt: dies möchten vielleicht die Fehler gewesen sein, über die Vergil selbst unzufrieden und mißvergnügt war; die in ihm den Entschluß entstehen ließen, das ganze Werk zu verbrennen; und die endlich gemäß dem Urteil einsichtsvoller Kenner die Aeneide tief unter den Wert der Henriade herabsetzen. Wenn glücklich überwundene Hindernisse das Verdienst eines Schriftstellers bestimmen: dann ist es gewiß, daß Herr von Voltaire ungleich mehr zu überwinden hatte als Vergil.

Der Gegenstand der Henriade ist die Wiederherstellung von Paris durch die Bekehrung Heinrichs IV.

Der Dichter hatte also keineswegs die willkürliche Gewalt, sein wundervolles System nach freiem Willen zu lenken: er sah sich gezwungen, sich ängstlich immer innerhalb der Schranken christlicher Geheimnisse zu halten, die für belustigende und malerische Beschreibungen weit unfruchtbarer sind als die Mythologie der Heiden. Wenn man den zehnten Gesang der Henriade liest, muß man bekennen, daß die Reize der Dichtkunst alle Gegenstände über sich selbst erhöhen und edler machen. Herr von Voltaire war der einzige, der mit seinem Gedicht unzufrieden war; er fand daran zu tadeln, daß sein Held nicht hinreichend großen Gefahren ausgesetzt war und daß er also weniger auf das Herz wirken müßte als Aeneas, der sich niemals aus einer Gefahr losreißt, ohne in eine andere verwickelt zu werden.

Wenn man mit eben diesem Geist von Unparteilichkeit die Trauerspiele des Herrn von Voltaire durchforscht, wird man finden, daß er in einigen Punkten den Racine übertrifft; in anderen aber von diesem berühmten Theaterdichter überwunden wird.

Der »Oedipus« war das erste Theaterstück, das er verfertigte; seine Einbildungskraft war von den Schönheiten des Sophokles und Euripides hitzig gemacht; und sein Gedächtnis erneuerte in seinem Gemüte stets die anhaltende und sanftfließende Zierlichkeit des Racine. Aus beiden zugleich flossen Vorteile in sein Gedicht zusammen; und diese seine erste Geburt wurde als ein Meisterstück der Schaubühne aufgenommen.

Einige vielleicht zu mürrische Kunstrichter fanden dagegen einzuwenden, daß die alte Jokaste in Gegenwart des Philoktet eine beinahe erloschene Leidenschaft in sich aufleben bemerkte. Allein, wenn man die Rolle des Philoktet mehr aufgeheitert hätte, dann hätte man der Schönheiten entbehren müssen, die der Kontrast zwischen seinem und des Oedipus' Charakter verursacht. Man urteilte, daß sein »Brutus« mehr für das Londoner als für das Pariser Publikum tauge: denn in Frankreich wird ein Vater, der mit kaltem Blut seinen Sohn zum Tode verurteilen kann, als Unmensch ausgeschrien; in England wird ein Bürgermeister, der sein eigen Blut für die Freiheit seines Vaterlandes aufopfert, wie ein Gott verehrt. Seine »Marianne« und eine Anzahl anderer Stücke zeichneten die Kunst und Fruchtbarkeit seiner gelehrten Feder aus.

Übrigens kann man dennoch nicht verschweigen, was einige vielleicht etwas zu strenge Kunstrichter an unserem Dichter tadelten, nämlich daß das ganze Gewebe seiner Trauerspiele keineswegs das Natürliche und Wahrscheinliche von Racines Trauerspielen erreiche; beschaut, sagen sie, die »Iphigénie«, »Phèdre«, »Athalie«, wenn sie auf der Schaubühne aufgeführt werden: ihr werdet glauben, bei einer Handlung zugegen zu sein, die sich ohne Mühe vor euren Augen entwickelt, während ihr im Gegenteil in der »Zaïre« Not habt, euch mit Wahrscheinlichkeit zu begnügen und über gewisse Fehler, die euch aufstoßen, nur flüchtig hinwegzuschlüpfen.

Sie setzen noch hinzu, daß der zweite Aufzug gar nicht zum Ganzen gehöre. Damit ist das alberne Geplauder des alten Lusignan gemeint, der bei der Zurückkunft in seinen Palast nicht weiß, wo er sich befindet; der von seinen ehemaligen Kriegstaten spricht wie ein Oberstleutnant des Regiments von Navarra, der Statthalter von Peronna geworden ist: – man kann sich nicht genug begreiflich machen, auf welche Weise er seine Kinder wiedererkennt – um seine Tochter zum christlichen Glauben zu überreden, erzählt er ihr, daß sie sich auf dem selben Gebirge befinde, auf dem Abraham seinen Sohn Isaak dem Herrn zum Opfer schlachten wollte; er beredet sie, daß sie sich taufen läßt, nachdem Chatillon bezeugte, daß er sie bereits selbst getauft habe; und das macht den Knoten des Stücks aus: nachdem nun Lusignan diesen frostigen und matten Aufzug ausgefüllt und vollendet hat, stirbt er am Schlagfluß, ohne daß eine Seele an seinem Tod Anteil nimmt. Es scheint, daß man, weil ohnehin ein Priester und ein Sakrament zur Auflösung des Knotens nötig waren, ohne viel Mühe das Abendmahl an die Stelle der Taufe hätte setzen können. Allein, so gründlich immer diese Anmerkungen sein mögen, so verlieren sie sich dennoch im fünften Aufzug aus den Augen. Das Interesse, das Erbarmen, der Schrecken, die dieser große Dichter so meisterhaft zu wecken weiß, reißen den Zuhörer an sich, der unter der ungestümen Empörung so heftiger Leidenschaften geringere Fehler vergißt, um ebenso große Schönheiten zu empfinden.

Man wird also nicht in Abrede stellen, daß Herr Racine den Vorzug besitze, mehr Natur, mehr Wahrscheinlichkeit seinen Theaterstücken einzuflößen, und daß in seinen Reimen eine fortdauernde Annehmlichkeit, ein gewisses sanftes, fließendes Wesen herrsche, das nach ihm kein Dichter mehr erreichen konnte. Doch muß man auch eingestehen, daß dieser Dichter, einige gar zu epische Verse in den Theaterstücken ausgenommen, besonders im fünften Aufzug des »Katilina« die Kunst besaß, den Knoten von Auftritt zu Auftritt, von Aufzug zu Aufzug mehr aufzuschürzen und ihn bis zum höchsten Grad von Katastrophe fortzutreiben. Und hierin besteht die Vollkommenheit der Kunst.

Sein ausgebreitetes Genie erstreckte sich über alle Gattungen von wissenschaftlichen Dingen. Nachdem er sich durch den Wettstreit mit Vergil hindurchgearbeitet und diesen vielleicht auch glücklich überwunden hatte, wollte er sich mit Ariost messen: er verfertigte daher das »Mädchen von Orleans« im Geschmack des »Orlando furioso«; dieses Gedicht ist aber keine Nachahmung davon: die Dichtung, das Wunderbare, die Episoden, alles darin ist originell, allenthalben herrscht die Munterkeit einer lebhaft feurigen Einbildungskraft.

Seine Gesellschaftsgedichte erhielten Beifall bei allen Lesern von Geschmack: der Verfasser allein schien sie wenig zu achten, obwohl weder Anakreon, Horaz, Ovid, Tibull, noch alle übrigen Schriftsteller aus dem schönen Altertum uns irgendeine Art von Gedichten hinterlassen haben, worin er ihnen nicht gleichkam. Sein Geist erzeugte solche Geburten ohne Mühe; dies aber war unserem Dichter so wenig befriedigend, daß er vielmehr glaubte, man müsse die größten Hindernisse überstiegen haben, um auf einen verdienten Ruhm Anspruch geltend machen zu können.

Nachdem wir nun eine kurze Schilderung des Talents des Dichters gegeben haben, laßt ihn nun jetzt als Geschichtsschreiber betrachten. Die Geschichte Karls XII. war die erste, die er verfertigte. Er rang um die Ehre, der Quintus Curtius dieses Alexanders zu sein. Die Blümchen, die er hin und wieder über einige Gegenstände ausstreut, schaden im Grunde der Wahrheit nicht: er schildert die allgewaltig sich auszeichnende Tapferkeit dieses Helden aus dem Norden; seine Unerschrockenheit bei gewissen Vorfällen; seine Standhaftigkeit bei mancherlei Ereignissen; sein Glück sowohl wie seine Unglücksfälle mit den lebhaftesten Farben. Nachdem er seine Stärke in der Geschichte Karls XII. bereits geprüft hatte, wagte er einen Versuch über die Geschichte des Jahrhunderts unter Ludwig XIV. Hier bediente er sich nicht mehr der romantischen Schreibart des Quintus Curtius. Ciceros Stil, in dem dieser für das Manilische Gesetz sprach und dem Pompeius eine Lobrede hielt, schien ihm hierzu ungleich schicklicher zu sein. Mit erhitztem Enthusiasmus verherrlicht hierin der französische Schriftsteller die berühmteren Begebenheiten aus diesem schönen Jahrhundert: er weiß alle die Vorzüge ins hellste Licht zu setzen, die damals seine Nation über alle anderen Völkerschaften erhoben; die Menge großer Geister, die unter der mildtätigen Hand Ludwigs XIV. sich aufschwangen; das Reich der Künste und Wissenschaften, die unter dem Schutz eines verfeinerten Hofs glücklich emporstiegen; die Aufnahme der Industrie in allen Gattungen; und endlich jene einheimische Macht Frankreichs, die auf eine gewisse Weise seinen König gleichsam zum Schiedsrichter Europas machte. Dieses Werk verdiente, die Hochschätzung, Liebe und Erkenntlichkeit der ganzen französischen Nation dem Herrn von Voltaire gegenüber zuwege zu bringen, der sie ohne Vergleich mehr als je ein anderer ihrer Schriftsteller berühmt machte.

Die Schreibart, deren er sich in seinem Versuch über die allgemeine Geschichte bedient, ist ebenfalls verschieden: sie ist heftig und einfach, der Charakter seines Geistes nimmt sich in der Art, diese Geschichte zu behandeln, mehr aus als in seinen anderen Schriften, man erkennt darin die Heftigkeit eines erhabenen Genies, das alles in seiner Größe auffaßt, sich nur an Wichtigkeiten hält und über kleine Umrisse und Nebendinge hinwegeilt. Dieses Werk ist nicht für Anfänger geschrieben, um sie in Geschichte zu unterrichten, sondern für Geschichtskundige, um in ihrem Gedächtnis die vornehmsten Handlungen zu erneuern. Er läßt nirgends das erste Gesetz der Geschichte, allenthalben die Wahrheit zu sagen, aus den Augen; und die Anmerkungen, die er hin und wieder einstreut, sind keine hergezwungenen Nebengedanken, sondern entstehen aus der Sache selbst.

Eine Menge kleinerer verschiedener Abhandlungen des Herrn von Voltaire ist uns noch übrig, die alle zu besprechen aber beinahe eine Unmöglichkeit ist. Einige dieser Schriften enthalten Gegenstände aus der Kritik, andere handeln von metaphysischen Betrachtungen, wieder andere von der Sternkunde, Geschichte, Naturlehre, Beredsamkeit, Dichtkunst, Erdmessung; sogar seine Romane haben das Gepräge eines originellen Charakters an sich; »Zadig«, »Micromégas«, »Candide« sind Stücke, die zwar dem ersten Anschein nach schale Tändeleien zu sein scheinen, im Grunde aber Beurteilungen einiger neuer Systeme und moralische Allegorien enthalten, in denen das Nützliche mit dem Ergötzenden unzertrennlich vereinbart ist.

So viel Talente, so viel verschiedene Kenntnisse in einer einzigen Menschenseele vereinigt, reißen die Leser zu überraschtem Erstaunen hin. Durchforscht, meine Herren, das Leben der großen Geister des Altertums, deren Namen bis auf unsere Tage gekommen sind; ihr werdet finden, daß sich ein jeglicher von ihnen innerhalb der Schranken eines einzigen Talents hielt. Aristoteles und Plato waren Weltweise, Aischines und Demosthenes Redner, Homer ein Heldendichter, Sophokles ein Trauerspieldichter, Anakreon ein Lustsänger, Thukydides und Xenophon Geschichtsschreiber, gleichwie auch bei den Römern Vergil, Horaz, Ovid und Lukrez weiter nichts als Dichter, Titius Livius und Varro Geschichtsschreiber, Crassus, der ältere Antonius und Hortensius nur Redner waren. Cicero, zugleich Konsul und Redner, Verteidiger und Vater des Vaterlandes, war der einzige, der verschiedene Talente und Kenntnisse zusammen besaß: er verband mit der großen Kunst eines Sprechers, in der er alle seine Zeitgenossen weit übertraf, sein tiefes Studium der Weltweisheit so, wie diese zu seiner Zeit bekannt war; das sieht man an seinen Tuskulaner Fragen, an dem Meisterstück von der Natur der Götter und an den Büchern über die Pflichten, was vielleicht das beste moralische Werk ist, das wir von dieser Art besitzen. Cicero war ebenfalls ein Dichter; er übersetzte die Verse des Aratus ins Lateinische, und man vermutet, deß seine Verbesserungen Lukrez' Gedicht verschönert haben.

Wir hatten also einen Zwischenraum von siebzehn Jahrhunderten zu durchlaufen, um aus der Menge von Menschen, aus denen das Menschengeschlecht besteht, den einzigen Cicero herauszuheben, dessen Kenntnisse mit den Kenntnissen unseres Autors in Vergleich kommen mögen. Man kann behaupten, wenn es mir erlaubt ist, mich so auszudrücken, daß Herr von Voltaire allein eine ganze Akademie darstellte. Es gibt kleine Abhandlungen von ihm, in denen man Bayle mit dem ganzen Waffengerüst dialektischer Beweise wieder zu erkennen glaubt; in anderen meint man, Thukydides zu lesen. Dort ist er Physiker, der die Geheimnisse der Natur aufdeckt, hier ein Metaphysiker, der unter Anleitung der Analogie und Erfahrung mit abgemessenen Schritten in die Spuren Lockes tritt. In anderen Werken eifert er dem Sophokles nach, jetzt streut er Blumen auf seinem Pfade, jetzt nimmt er die drollige Laune eines Komikers an.

Doch scheint allenthalben durch, er habe die Höhe seines Geistes nicht auf die Mühe beschränken wollen, einem Terenz oder Molière gleichzukommen: denn plötzlich schwingt er sich wieder auf seinen Pegasus, der ihn mit ausgebreiteten Fittichen auf den Gipfel des Helikon trägt, wo ihm der Gott der Musen seinen Platz zwischen Homer und Vergil anweist.

Die erstaunliche Menge so verschiedener Ausarbeitungen und so mühsamer Geburten mußte notwendig ein lebhaft rührendes Gefühl in den Gemütern wecken; Europa klatschte endlich den außerordentlich großen Talenten des Herrn von

Voltaire vollen Beifall zu. Eifersucht und Neid blieben dabei nicht untätig; sie spitzten alle ihre Pfeile gegen ihn. Jener den Menschen angeborene Hang nach Unabhängigkeit, der ihnen eine Abneigung selbst gegen die rechtmäßigste Obergewalt einflößt, empörte sie mit noch weit größerer Verbitterung gegen eine Obergewalt von Talenten, an die ihre Schwachheit nicht reichen konnte. Allein, das Gelärme des Neids wurde unter dem stärkeren Zuklatschen von Beifall unhörbar: Männer der Wissenschaften rangen darum, diesen großen Geist näher zu kennen. Wer immer genug Philosoph war, um das persönliche Verdienst schätzen zu können, erhob Herrn von Voltaire weit über diejenigen hinaus, deren ganze Größe ihre Bestimmung von Großeltern, Titel, Stolz und Reichtümern erhält. Herr von Voltaire war von jener geringen Anzahl Philosophen, die von sich sagen können: »Omnia mecum porto«. Fürsten, Monarchen, Könige, Kaiserinnen überhäuften ihn mit Beweisen ihrer Hochachtung und Bewunderung. Ich bin deshalb nicht gesinnt, glauben zu machen, es wären die Großen der Erde die besten Kenner und Schätzer des Verdienstes: doch beweist dieser ihr Beifall wenigstens, daß das Ansehen unseres Autors so allgemein bestätigt war, daß selbst die Häupter der Völkerschaften nicht nur der Volkssprache nicht zu widersprechen, sondern derselben gleich sich zu verhalten für eine Pflicht hielten.

Unterdessen, gleichwie sich auf Erden allenthalben Übles unter das Gute einzumengen pflegt, geschah es, daß Herr von Voltaire, so empfindsam er gegenüber dem allgemeinen Beifall war, dennoch nicht minder die Stacheln jener feilen Insekte empfand, die in den Pfützen der Hippokrene umherwühlen. An Stelle einer verdienten Züchtigung verewigte er vielmehr ihre dunklen Namen in seinen Werken. Doch war dies nur unbedeutendes Kotgespritze im Vergleich zu den weit gewalttätigeren Verfolgungen, die er von seiten der Geistlichen auszustehen hatte. Diese Leute, die gemäß ihrem Stand Beförderer des Friedens sein und nichts als Liebe und Wohltätigkeit ausüben sollten, fielen, von falschem Eifer verblendet und von Fanatismus tobendgemacht, über ihn mit Grimm her und versuchten, ihn durch Verleumdungen niederzudrücken. Ihre Unwissenheit untergrub aber ihr eigenes Projekt; mangels nötiger Einsichten brachten sie die klarsten Begriffe in ein unfaßliches Gewirr, und zwar so, daß sie jene Stellen, in denen unser Autor der Duldung das Wort spricht, für atheistische Grundsätze ausdolmetschten und der selbe Voltaire, der alle Kräfte aufgeboten hatte, das Dasein eines Gottes zu beweisen, mußte zu seinem größten Erstaunen vernehmen, daß man ihn als einen Gottesleugner ausposaunte. Die Galle, die diese andächtigen Seelen auf eine so übel ausgedachte Weise gegen ihn ausgossen, fand zwar einigen Beifall bei Leuten des gleichen Gelichters, doch nicht bei denjenigen, die auch nur in den Oberflächen dialektischer Kenntnisse sich umgesehen hatten. Sein wahrhaftes Verbrechen bestand darin, in seiner Geschichte die Laster so vieler Päpste, die der Kirche zum Schaden gelebt hatten, nicht gleich anderen auf eine niederträchtige Weise bemäntelt zu haben; indem er mit Fra Paolo, Fleury und anderen aus freier Brust bekannte, daß oft die Leidenschaften an den Handlungen der Priester mehr Anteil haben als die Eingebung des Heiligen Geistes; indem er in seinen Schriften über jene abscheuwürdigen Würgereien und Blutvergießen Schauder erweckte, die manch unzeitiger falscher Eifer angerichtet hat; und indem er endlich jenen unverständlichen und unnützen Gezänken mit Verachtung begegnete, mit denen die Gottesgelehrten aller Sekten so viel Aufsehen erregen. Wir wollen noch hinzusetzen, um das ganze Gemälde zu vollenden, daß die Werke des Herrn von Voltaire, sobald sie die Presse verließen, plötzlich vergriffen waren, während die Bischöfe mit einem heiligen Verdruß ihre Befehle von den Motten zernagt werden oder in den Gewölben der Buchhändler vermodern sehen mußten. Seht, wie verkehrt schwache, unverständige Priester zu vernünfteln pflegen! – Man würde ihnen ihre Dummheit verzeihen können, wenn nur ihre elenden Trugschlüsse nicht auf die Ruhe einzelner Menschen Einfluß hätten. Alles, was man mit Wahrheit hierüber sagen kann und muß, ist, daß eine so falsche Dialektik genügt, den Charakter jener niedrigen und verächtlichen Geschöpfe zu bestimmen, die, da sie aus dem Bestreben, ihre Vernunft gefangen zu nehmen, Profession machen, sich offenbar vom gesunden Menschenverstand absondern.

Weil wir einmal angefangen haben, den Herrn von Voltaire zu rechtfertigen, müssen wir keine von den Beschuldigungen verschweigen, die man gegen ihn zu Markte brachte. Heuchler und dummheilige Schwärmer legten ihm zur Last, daß er die Meinungen Epikurs, Hobbes', Woolstons, Lord Bolingbrokes und anderer Weltweiser erklärt hätte. Allein, liegt es nicht deutlich genug am Tage, daß er, statt ihre Meinungen, denen jeder andere etwas hätte beifügen können, zu bestärken, sich mit der bloßen Erzählung eines Streits begnügt hat, dessen Entscheidung er seinen Lesern überläßt? Und zudem, wenn die Religion die Wahrheit als Grundfeste hat, was hat sie wohl von alldem zu befürchten, was die Lüge gegen sie aushecken kann? Herr von Voltaire war davon so sehr überzeugt, daß er sich nicht vorstellen konnte, wie es möglich wäre, daß die Zweifel einiger Weltweiser die Oberhand über göttliche Eingebungen gewinnen sollten.

Allein, laßt uns noch weiter gehen und die Sittenlehre, die in Herrn von Voltaires Schriften verstreut ist, mit der Sittenlehre seiner Verfolger vergleichen.

Die Menschen müssen sich wie Brüder lieben, spricht er; ihre Pflicht ist, sich durch wechselseitige Hilfe die Beschwerlichkeiten dieses Lebens erträglich zu machen, in dem die Summe der Übel die Summe des Guten übersteigt; die Meinungen der Menschen sind so verschieden wie ihre Gesichtsbildungen: sie müßten sich also, weil sie ungleich denken, nicht nur nicht verfolgen, sondern sich damit begnügen, den Verstand der Irrgläubigen durch Vernunftschlüsse aufzuklären und richtig zu leiten, keineswegs aber Feuer und Schwert an Stelle der Beweise aufzunehmen; mit einem Wort: sie müßten sich gegenüber ihren Nächsten so verhalten, wie sie wollten, daß er sich gegenüber ihnen verhalten sollte. – Ist es Herr von Voltaire, der so spricht? oder der Heilige Apostel Johannes? oder ist das die Sprache des Evangeliums? Laßt uns nun die praktische Sittenlehre der Tartüffe und der getäuschten Religionseiferer entgegenhalten; sie drückt sich so aus: Laßt uns diejenigen ausrotten, die nicht so denken, wie wir wollen, daß sie denken sollen; laßt uns diejenigen zu Boden drücken, die unseren Ehrgeiz und unsere Laster vor den Augen der Welt enthüllen; Gott soll der Schild unserer Bosheiten sein; die Menschen sollen einander zerfetzen; das Blut fließe in Strömen dahin; was liegt daran, wenn nur unser Ansehen wächst? Laßt uns Gott als ein grausames, unerbittliches Wesen predigen, auf daß durch Tributlieferungen für Fegefeuer und Paradies sich unsere Einkünfte vermehren. Seht, wie oft nicht die Religion den Leidenschaften der Menschen zum Vorwand dienen muß und wie nicht selten die lauterste Quelle des Guten durch ihre Bosheit zur Quelle des Übels wird! Da nun die Sache des Herrn von Voltaire so gut bestellt war, wie wir eben erklärt haben, mußte er notwendig die Stimmen aller jener Richterstühle auf seine Seite lenken, an denen man der Vernunft mehr Gehör gab als den geheimnisvollen Sophistereien. Ungeachtet aller Verfolgungen, die er vom Haß der Theologen auszustehen hatte, trennte er doch jederzeit die Religion von denen, die sie entehren: er ließ jenen Geistlichen Gerechtigkeit widerfahren, deren Tugenden zum wahrhaften Schmuck der Kirche beigetragen haben: er scholt nur diejenigen, deren verkehrte Sitten sie der allgemeinen Abscheu preisgaben.

Herr von Voltaire verbrachte also sein Leben unter den Verfolgungen seiner Neider und der Bewunderung seiner Lobredner, ohne daß die Lästerungen der ersteren ihn zu erniedrigen, noch der laute Beifall der letzteren die Meinung, die er von sich selbst hatte, zu vergrößern im Stande waren: er begnügte sich damit, die Welt aufgeklärt und ihr durch seine Schriften die Liebe zu den Wissenschaften und die Begierde nach Menschlichkeit eingeflößt zu haben. Er schrieb nicht nur Grundsätze zur Bildung der Sitten, sondern predigte die Wohlätigkeit selbst durch sein Beispiel: er war es, der die unglücklich gewordene Familie der Calas so herzhaft unterstützte; er war es, der den Handel der Sirvens verteidigte und sie den grausamen Händen ihrer Richter entriß; er würde den Ritter la Barre vom Grabe zum Leben erweckt haben, wenn er die Gabe, Wunder zu wirken, besessen hätte. Wie schön ist es nicht, wenn ein Philosoph aus dem Winkel seiner Einsamkeit hervortritt, seine Stimme erhebt und durch die Allgewalt der

Menschheit, deren Verkünder er ist, die Richter nötigt, ungerechte Sprüche zu widerrufen. Wenn nur dieser einzige Zug eines rechtschaffenen Herzens im Lebensgemälde des Herrn von Voltaire wäre: so würde er durch diesen einzigen Zug schon verdienen, in die kleine Zahl der wahrhaftigen Wohltäter der Menschheit aufgenommen zu werden.

Demnach führen Philosophie und Religion eindeutig auf die Pfade der Tugend. Wer ist wohl mehr ein Christ? Jene Obrigkeit, die auf grausame Weise eine Familie zwingt, ihr Vaterland zu verlassen, oder der Philosoph, der sie aufnimmt und unterstützt? Jener Richter, der sich des Schwerts der Gesetze bedient, um einen Unglücklichen, der auf die Irrwege der Torheit geraten ist, aus dem Wege zu räumen, oder der Weise, der das Leben eines jungen Menschen retten will, um ihn zu bessern? Der Henker des Calas oder der Beschützer seiner Familie? – Dieser edle Gemütscharakter, der sich in einer so schönen Tat äußerte, meine Herren, muß das Andenken des Herrn von Voltaire denjenigen ewig wert erhalten, die mit einem gefühlvollen Herzen geschaffen sind und deren Innerstes einer Bewegung fähig ist. So kostbar immer die Gaben des Geistes, der Einbildungskraft, der Erhabenheit des Genies und der weitsichtigen Kenntnisse, diese Geschenke, die die Natur nur selten an einzelne Seelen zu verschwenden pflegt, sein mögen, so erreichen sie doch lange nicht den Wert menschenfreundlicher und wohltätiger Handlungen: man bewundert jene, diese aber segnet und verehrt man. So hart es mir ist, meine Herren, mich auf immer von Herrn von Voltaire zu trennen, so sehe ich doch den Augenblick herannahen, in dem ich eure Schmerzen über seinen Verlust erneuern muß. Wir verließen ihn ruhig in Ferney: wichtige Geschäfte forderten eine Reise nach Paris, wo er noch rechtzeitig einige Trümmer seiner Habschaften vor dem Bankrott zu retten hoffte, in den er sich verwickelt sah. Er wollte nicht mit leeren Händen in seinem Vaterlande wieder auftreten: seine Muße, die er zwischen Philosophie und Belles Lettres klüglich zu verteilen wußte, versah ihn mit einer Anzahl Stücke, von denen er immer einige in Bereitschaft hielt: eben hatte er ein neues Trauerspiel, »Irène« betitelt, verfertigt, und war gesinnt, es auf der Pariser Schaubühne aufführen zu lassen. Er hatte die Gewohnheit, seine Stücke der strengsten Kritik zu unterwerfen, ehe er sie dem Publikum überließ. Gemäß seinen Grundsätzen zog er also in Paris jedermann zu Rat, dessen Einsichten und Geschmack einigen Ruhm hatten, und opferte eine eitle Selbstliebe für das Verlangen auf, seine Arbeiten der Nachkommenschaft würdig zu machen: gelehrig hörte er die begründeten Meinungen anderer an und begab sich mit besonderem Bestreben an die Verbesserung des Trauerspiels: ganze Nächte brachte er schlaflos zu, sein Werk umzuschmelzen, und machte dabei, vielleicht in der Absicht, den Schlaf zu vertreiben, oder etwa, um seinen Sinnen neue Kraft zu verleihen, unmäßig Gebrauch vom Kaffee: fünfzig Schalen erkleckten ihn kaum am Tage. Dieses Getränk brachte sein Gemüt in die heftigste Wallung und verursachte eine so außerordentliche Erhitzung, daß er, um diese Art von hitzigem Fieber zu dämpfen, von Opiaten Hilfe suchte, die er in so großer Menge zu sich nahm, daß sie, statt das Übel zu verdrängen, vielmehr seinen Tod beschleunigten.

Nicht lange, nachdem er sich dieser Arznei mit so wenig Mäßigung bedient hatte, zeigte sich eine Art von Lähmung, auf die ein plötzlicher Schlagfluß folgte, der für ihn tödlich war.

Obschon Herr von Voltaire von schwächlicher Leibesbeschaffenheit war, und obgleich Verdruß, Kummer und eine stark anhaltende Anstrengung sein Temperament sehr geschwächt hatten, brachte er sein Leben doch bis aufs 84. Jahr.

Sein Dasein war immer so beschaffen, daß stets sein Geist in jedem Falle über das Materielle herrschte; seine Seele war standhaft und tapfer und teilte dem Leib, der beinahe durchsichtig war, ihre Stärke mit; sein Gedächtnis war erstaunlich lebhaft, und er behielt alles Vermögen der Denkens- und Einbildungskraft bis zu seinem letzten Atemzuge. Mit wieviel Vergnügen werde ich nun euch, meine Herren, an die Beweise von Bewunderung und Erkenntlichkeit erinnern, mit denen die Pariser diesen großen Mann während seines letzten Aufenthalts in seinem Vaterlande überhäuften! Es ist eine seltene, aber überaus schöne Sache, wenn das Publikum billig handelt und jenen außerordentlichen Wesen noch zu Lebzeiten die Gerechtigkeit angedeihen läßt, die die Natur nicht anders als von einer Ferne zur anderen hervorzubringen beliebt, auf daß sie den selben Beifall noch von ihren Zeitgenossen erwerben, dessen sie von der Nachkommenschaft sicher sein können! Man konnte mit Recht erwarten, daß ein Mann, der die ganze Einbildungskraft seines Genies dazu verwandt hatte, den Ruhm seiner Nation zu verherrlichen, auch einige Strahlen ihres Schimmers auf sich selbst zurückprallen sehen würde. Die Franzosen haben es erkannt und durch ihre Begeisterung sich der herrlichen Beleuchtung würdig gemacht, die ihr Landsmann über sie und ihr Jahrhundert verbreitet hatte. Wer sollte es aber glauben können, daß Voltaire, dem das profane Griechenland Altäre gebaut und dem Rom Ehrensäulen aufgerichtet haben würde, dem eine große Kaiserin, die Beschützerin der Wissenschaften, ein Denkmal zu Petersburg setzen wollte – wer, sage ich, sollte es glauben können, daß ein solcher Mann in seinem Vaterland die Spannen Erdreichs, um seine Asche damit zu bedecken, vermissen würde? – Ist es möglich, daß im 18. Jahrhundert, wo Aufklärung ausgebreiteter als jemals ist, wo der philosophische Geist so große Fortschritte gemacht hat, noch Hierophanten leben, die, grausamer als die Heruler und würdiger unter den Völkern des Tropobana als in der Mitte der französischen Nation zu leben, aus unechtem Religionseifer und von Fanatismus trunken die letzten Ehrenbeweise der Menschheit einem der berühmtesten Männer Frankreichs versagen werden?

Und doch mußte Europa ein solches Ärgernis nicht ohne innigsten mit Unwillen vermischten Schmerz mit ansehen!

Allein, so heftig immer der Haß dieser Tollsinnigen und die Wut ihrer unheiligen Rache gegen Leichname rast, so wird dennoch weder das Gelärme des Neids noch ihr wildes Geheul im Stande sein, das Angedenken des Herrn von Voltaire zu verdrängen. Das sanfteste Verhängnis, das diese Menschheitsschänder erwarten können, ist, daß sie und ihre niederträchtigen Kunstgriffe ewig in den Finsternissen der Vergessenheit werden begraben liegen, während sich das ruhmvolle Angedenken des Herrn von Voltaire von Alter zu Alter vergrößern und seinen Namen unsterblich machen wird.

HEINRICH MANN
VOLTAIRE - GOETHE

(1910)

Ist es zu denken, daß irgendwo in der Welt der Geist herr-
schen sollte? Solange es menschliche Gesellschaften gibt,
haben sie ihren gefährlichsten Feind im Geist gesehen. Sie
haben ihn eingeschränkt, gebunden zu Religionen. Sie sind,
sobald er sich freimachte, in Scharen, in Legionen, in Kata-
rakten von Körpern über ihn hergefallen wie die Heere des
Xerxes über Griechenland. Wenn ja einmal der Geist siegte,
war es eine kurze Katastrophe, ein entsetztes Drunter und
Drüber, dessen Angst sich endlich in schwarze Rauchwolken
auflöste, in den Rauch vom Scheiterhaufen eines Savonarola.
Der massige Materialismus der modernen Monarchien hat jeder Ausschweifung des Geistes vorgebeugt durch das Vor-
strecken von Millionen Bajonetten... Ist es zu denken, daß er
hindurchdringt? Daß er selbst an der Spitze der Bajonette
schwebt? Daß die Macht eins ist mit dem Geist? Ein ganzes
Volk, das sich mit seinen Führern dem Geist vertraut, seiner
Strenge, seinem Krieg, seinem Rausch! Das um der qualvol-
len Ruhelosigkeit des Geistes willen verzichtet auf die animal-
ische Langlebigkeit der andern Völker! Das die lebenerhal-
tenden Lügen verschmäht! Das ehrlich bleibt, und führe es
zur Auflösung! Ein Volk, ein ganzes Volk, das sein zeitliches
Leben abkürzt, aus Liebe zum ewigen!
Alle großen Franzosen sind, wie ihre Rasse, im Gleichgewicht
zwischen ihrer sinnlichen Intensität und dem Eifer und der
Klarheit ihres Geistes. Sie werden nicht fleischlos, und sie
versteigen sich nicht. Sie sind keine Gnomen, keine Unge-
heuer, noch Schatten, die das Leben wirft. Auch sie leben,
auch sie sind Menschen. Noch Flaubert, an der Grenze der
Überfeinerung, weigert sich, zu schildern, was nicht typisch
sei. Sie wollen, so stark sie sein mögen, nicht vor allem sich,
sondern die Welt. Sie haben das Herz und den Geist, sich zu-
rückzuziehen, in die Menschheit, in ein Volk. Freilich ist es
ein Volk, das ihnen keine Opfer auferlegt; das sie nicht abstößt

und ermattet durch Langsamkeit und Ungeschmack: dessen nationale Kunst die Literatur, dessen große Sorge der Geist ist, und das ihnen folgt, wohin sie es führen. Sie führen es aber hinan, zur Herrschaft über sich selbst. »Ein wenig Geist erwirbt man durch die Pflege der Phantasie und viel Adel durch den Anblick schöner Dinge«; – und Flaubert hätte weitersprechen können: »Dazu Güte durch Einsicht in das Herz der andern und Menschenwürde durch das Bewußtwerden der eigenen und Abscheu vor Lüge und Unterdrückung durch ihr Bild.« Das ist die Wirkung dieser Romane, dieser Gedichte: sie haben die Demokratie erzogen. Das ist die Wirkung Zolas und das ist, seinen Tendenzen zum Trotz, die von Balzac. (Denn der Roman, diese Enthüllung der weiten Welt, dies große Spiel aller menschlichen Zusammenhänge ist gleichmacherisch von Natur: er wird groß mit der Demokratie, unter der das Drama in seiner aristokratischen Enge abstirbt. Balzac ist der Dichter der kämpfenden Demokratie, Zola der triumphierenden.) Victor Hugo, der aus der Verbannung seine republikanischen Fanfaren schickt, Saint-Beuve, der im Senat die Freiheit der Presse verteidigt, Flaubert mit seinem Ideal einer Regierung der Wissenschaft, des Geistes selbst; und Lamartine, in der Stunde, als sein Wort den übergetretenen Strom einer Menge bändigt, und Rochefort während seines langen Duells mit einem Kaiser, und Zola, der die Kanonen der Gewalt zum Schweigen bringt vor der Wahrheit: sie alle haben das Glück gekannt, sich nicht stumm und ohne Arme zu fühlen, von einem Volk, dem der Geist nicht nur ein überirdisches und belangloses Spiel ist, auf eine Tribüne gehoben zu werden, ihr Wort die Dinge bewegen, den Geist in Welt und Tat verwandelt zu sehen...

In jedem von ihnen ist es ein Voltaire, der zurückkehrt. In Deutschland wiederholt, wer es weit bringt, das tatlose, dem Volk unbekannte Leben Goethes.

Beide sind böse, wie die Großen böse sind. Voltaire, der Priester des Geistes, haßt seine andersdenkenden Priester, findet sich weit eher mit der weltlichen Macht ab als mit der geistlichen. Er ist der Bürger, dessen Wehrbarkeit der Geist ist, der den Geist zu Geld und Macht münzt, der den Adel und das

Volk, beide, haßt und fürchtet. Sein Haß auf Rousseau gilt dem Mann des Volkes. Aber der Geist in ihm ward, wie im Laufe von Generationen, immer stärker, immer abgelöster, überwand die Bürgerlichkeit, die Furcht sogar, vollbrachte Heldentaten, erzeugte – o Wunder – selbst Güte! Die Leidenschaft des Geistes hat Voltaire gerettet.

Goethe haßt, was unharmonisch ist, was durch Einseitigkeit des Geistes der Leidenschaft, durch unversöhnlichen Sturm und Düsterkeit das Gleichgewicht der Natur stört. Er haßt das Nur-Menschliche, haßt die Revolte des Menschen gegen die Natur, das Dämonische und das Radikale. Er, die Natur selbst, ihre Allseitigkeit und Gelassenheit selbst, läßt jene Kranken von sich abprallen; sie sind gerichtet von ihm, von der Natur; sie gehen unter. Befriedigt in seiner Liebe zu den Gesetzen der Natur, sieht er die französische Revolution und Heinrich von Kleist untergehen.

Voltaire bleibt so weit hinter Goethe zurück wie der menschliche Geist hinter der Natur selbst. In Goethes Werk ist die reiche Seele des Alls, in den Phantasiewerken Voltaires ein akademischer Schatten.

Goethe hat zur Menschheit die hohe, ferne Liebe eines Gottes zu seiner Schöpfung; Voltaire kämpft für sie im Staub. Er ist einseitig und will nicht anders sein. Er ist die Revolte des Menschen gegen die Natur, gegen ihre Stumpfheit und Langsamkeit, Ungerechtigkeit und Härte. Ihrem dummen Ernst sticht er Wunden mit seinem Witz der menschlichsten Erfindung. Er haßt alles Herkömmliche, unbewußt Gewordene, das sich dem Gedanken, der Kritik, entziehen möchte. Er fragt nicht nach dem Willen der Natur und ihrer Tochter, der Überlieferung; er nimmt nicht ihre Befehle hin; er fordert selbst, kraft der Gesetze, die in ihm sind: kraft der Gerechtigkeit und der Wahrheit. Seine Stimme bricht in Hohn und Haß, sein Gesicht grimassiert. Wie hoch und weise Goethe vom feierlichen Turm seiner Erkenntnisse über ihn hinsieht! Ihm sind die Ungerechtigkeiten erklärt, die jenem den Blick trüben; die Lügen, gegen die der andere sich bäumt, gehen ihm in die große Wahrheit der Natur ein. Gegen ihr langes und heiteres Walten wäre Kampf lächerlich. Mögen Fanatiker die Arme heben und schreien wie bei Valmy. Aber sie siegen! Auf ihrem Hügel dort hinten singen sie die Marseillaise, und das alte Heer Friedrichs zerbricht an ihnen. Ihr Sieg ist der Sieg des entfesselten Geistes über Natur und Überlieferung, der Sieg Voltaires über Goethe. Goethe wendet sich ab und verachtet.

Seine Verachtung der Revolution, war sie ganz unangreifbar? Hatte nicht auch er wirken, aus der Ewigkeit in den Tag übergreifen wollen? Er hat es versucht (die Befreiung des Weimarer Volkes vom Jagdrecht der Herren), und es ist ihm mißlungen. Was verrät also diese erbitterte Verachtung der Revolution, an der seine Dichtung zerbricht und klein wird wie das Heer der stummen Ordnung an jenem singenden Hügel von Valmy? Wird nicht hier der Schmerz verheimlicht, in ein Volk ohne Tat gestellt zu sein und sich selbst an die ererbte Wirklichkeit gebunden zu fühlen? Seine »innere Freiheit« ist in Wahrheit die Beschönigung eines Lebens, das vielem hat entsagen und vieles hat verbergen müssen; dessen geheime Schande sich entblößt in Goethes Geständnis, er habe sich sein Leben lang, sein hohes, umfassendes, berühmtes Leben lang, vor jedem adeligen Leutnant befangen gefühlt.

Voltaire ist von Adeligen geprügelt worden: errötet ist er nicht – und er hat ihnen die Guillotine errichtet. Er war es. Er kehrte zurück, als die Priester und die Könige fielen. Bei jedem neuen Sturz der Macht war er an der Spitze der Stürmenden. Wo die Wahrheit gegen den Nutzen aufstand, der Geist gegen die Macht, da schmetterte sein Name. Wäre der Sarg dessen, der um eines ungerecht verfolgten Menschen willen die Wehrkraft seines Landes in Gefahr gebracht hatte: wäre Zolas Sarg auf dem Weg zum Pantheon geöffnet worden, man hätte die verklärte Fratze Voltaires darin gefunden! Er, der in den Mänteln der Generale der ersten Republik als Sieger über die Erde zog, er wird die dritte Republik sprengen. Auf ihren Trümmern wird sein Lachen schallen, seine Stimme wird gellen: »Freier! Wahrer! Den Abgründen der Freiheit und der Wahrheit zu!« Goethe inzwischen sieht aus der gespensterhaften Höhe, wo die deutschen Genien einander vielleicht verstehen, unbewegt auf sein unbewegtes Land hinab. Sein Werk, der Gedanke an ihn, sein Name haben in Deutschland nichts verändert, keine Unmenschlichkeit ausgemerzt, keinen Zoll Weges Bahn gebrochen in eine bessere Zeit. Hinter seinem Sarge ging die Familie keines Calas. Er hat den Menschen, die schuldig werden müssen, Gerechtigkeit, Gleichheit, Freiheit nur in jenen Gefilden verheißen, mit denen Dichtung uns tröstet. So hat er sich zu Gretchen, Ottilie, der Bajadere geneigt. Der irdische Tag, der staubige Kampf staunen blinzelnd zu ihm auf – und keuchen weiter. Ihre Rechtfertigung haben in ihm nur die Müßigen, die Teilnahmslosen gesehen. Populär ist er erst in dem Augenblick geworden, als es in Deutschland ein schwaches, reiches und ruheliebendes Geschlecht gab. Er muß sich gefallen lassen, daß reaktionäre Minister dem Volk statt seiner Rechte einen Satz von ihm bieten, der diese Rechte entwertet; und daß faule Vergnügline ihr leeres Dasein mit seinem Namen decken als dem Zeichen ihrer »Kultur«, als ob es Kultur gäbe ohne Menschlichkeit. Voltaire ist, als die Hoffnung der Menschlichkeit, daheim in den tiefen Schichten seines Volkes, die von seiner Kultur nichts wissen, die auch von seinen Mängeln und Grenzen nichts wissen, und denen er für alle Zeiten die Freiheit selbst ist.

Denn Freiheit: das ist die Gesamtheit aller Ziele des Geistes, aller menschlichen Ideale. Freiheit ist Bewegung, Loslösung von der Scholle und Erhebung über das Tier: Fortschritt und Menschlichkeit. Frei sein heißt, gerecht und wahr sein; heißt, es bis zu dem Grade sein, daß man Ungleichheit nicht mehr erträgt. Ja, Freiheit ist Gleichheit. Ungleichheit macht unfrei auch den, zu dessen Nutzen sie besteht. Wer die Macht übt, ist ihr Knecht nicht weniger, als wer sie duldet. Der Tyrann (wer wäre nicht Tyrann?) leidet unter der Menschheit, wie sie unter ihm; er erniedrigt sich in denen, die er erniedrigt. Nur Flucht ins Menschentum kann ihn retten. Rette er sich, auf die Gefahr hin, unterzugehn! Denn Freiheit ist der Wille zu dem als gut Erkannten, auch wenn das Schlechte das Erhaltende wäre. Freiheit ist die Liebe zum Leben, den Tod mit einbegriffen. Freiheit ist der Mänadentanz der Vernunft. Freiheit ist der absolute Mensch.

Bibliographie

Angesichts des üppig vorhandenen Materials ist die folgende Bibliographie darauf beschränkt, auf eigens zusammengestellte Voltaire-Bibliographien hinzuweisen, und folgt – abgesehen von einigen zusätzlich genannten Titeln – im Anführen der in der Zeit nach der Veröffentlichung der Bibliographien erschienenen Arbeiten über Voltaire der Auswahl der Bayerischen Staatsbibliothek, München, der Bibliothèque Nationale und der Bibliothek der Sorbonne, beide Paris.

Bibliographien der Werke Voltaires

Bengesco, Georges: Voltaire. Bibliographie de ses œuvres. Paris 1882–1890

Besterman, Theodore: Some eighteenth-century Voltaire editions unknown to Bengesco. Banbury 1973

Malcolm, J.: Table de la bibliographie de Voltaire de Bengesco. Genf 1953

Fromm, H.: Bibliographie deutscher Übersetzungen aus dem Französischen. Baden-Baden 1953

Evans, H. B.: A provisional bibliography of English editions and translations of Voltaire. Genf 1959

Brown, Andrew: Calendar of Voltaire's manuscripts other than correspondance.

Trappnell, William H.: Survey and analysis of Voltaire's collective editions. 1728–1789. Genf 1970

Französische Werkausgaben

Œuvres, bei Cramer. Genf 1775

Œuvres complètes. Hg. von P. de Beaumarchais. Kehl 1783–1789

Œuvres. Hg. von M. Beuchot. Paris 1828–1840

Œuvres complètes. Hg. von E. de la Bédollière und G. Avenel. Paris 1873

Œuvres complètes. Hg. von L. Moland. Paris 1877–1885 (Letzte annähernd vollständige Ausgabe)

Œuvres. Hg. von R. Groos, J. van den Heuvel und R. Pomeau. Paris 1957–1961

Œuvres. Édition: Boutan Marguin. Paris 1967–1968

Deutsche Werkausgaben und Anthologien

Vermischte kleine philosophische und historische Schriften. Übers. von K. F. Romanus. Dresden 1768–1775

Werke. Übers. von W. S. C. Mylius u. a. Berlin 1786–1794

Vorzüglichste Schriften. (Zweisprachig) Wien 1810

Sämtliche Werke. Übers. von F. Gleich u. a. Berlin 1825–1830

Werke in zeitgemäßer Auswahl. Übers. von A. Ellissen. Leipzig 1844–1846

Voltaire. Seine Persönlichkeit in seinen Werken. Hg. K. Schirmacher. Stuttgart 1906

Das Lächeln Voltaires. Ein Buch für diese Zeit. Übers. von I. Goll. Basel–Leipzig 1921

Voltaire. Aus dem Hauptquartier der Aufklärung. Einleitung und Auswahl von P. Sakmann. Stuttgart 1922

Aus Voltaires Gedankenwelt. Hg. von A. v. Gleichen-Rußwurm. Berlin 1923

Für Wahrheit und Menschlichkeit. Voltaires Schriften ausgewählt und eingeleitet von P. Sakmann. Leipzig 1932

Briefe

Wege, Bernhard: Der Prozeß Calas im Briefwechsel Voltaires. Berlin 1896

Briefwechsel Friedrichs des Großen mit Voltaire. Hrsg. R. Koser und H. Droysen. (Bände 81, 82, 86 der Publikationen aus den königlich preußischen Staatsarchiven) Berlin 1908–1911

Voltaires Briefwechsel. Übers. K. Schirmacher. Leipzig 1908

Voltaires Briefwechsel mit Friedrich dem Großen und Katharina II. Hrsg. W. Mönch. Berlin 1944

Voltaire. Lettres inédites aux Tronchin. Hrsg. A. Delattre. Genf 1950

Delattre, André: Répertoire chronologique des lettres de Voltaire non recueillies dans les éditions de la correspondance générale. Chapel Hill 1952

Voltaire. Lettres inédites à son imprimeur Gabriel Cramer. Hrsg. B. Gagnebin. Genf 1952

Voltaire in seinen Schönsten Briefen. Übers. H. Missenharter. Stuttgart 1953

Voltaire's correspondance. Hrsg. T. Besterman. Genf 1953

Voltaire. Lettres inédites à Constant d'Hermenches. Hrsg. Alfred Roulin. Paris 1956

Textes nouveaux de la correspondance de Voltaire. Hrsg. V. S. Lublinsky. Moskau–Leningrad 1956

Lettres d'amour de Voltaire à sa nièce. Hrsg. T. Besterman. Paris 1957

Lettres choisies. Hrsg. R. Naves. Paris 1961

Correspondance. Hrsg. T. Besterman. Paris 1964

Varia

Factum pour la nombreuse famille de Rapterre du parterre contre le nommé Giolot Ticalani. Jérome Vercruysse: Pages peu connues de Voltaire. Paris 1961

Voltaire's household accounts, 1760–1778 in facsimile. Hrsg. T. Besterman. Genf 1968

Bibliographien der Sekundärliteratur

Barr, Mary-Margaret H.: A century of Voltaire study. A bibliography of writings on Voltaire 1825–1925. New York 1929

–: Bibliographical data on Voltaire from 1926 to 1930. Reprint: Modern language notes XVIII 5 may 1933

–: 40 années d'études voltairiennes. Bibliographie analytique des livres et articles sur Voltaire 1926–1965. Paris 1968

–: Voltaire in America 1744–1800. Baltimore, Oxford, Paris 1941

–: Voltaire in the Vatican Library. Melbourne 1966

Travaux sur Voltaire et le 18ème siècle. Hrsg. T. Besterman. Genf 1955

Cabdeen, D. C.: Critical bibliography of french literature. Syracus 1951. Supplement: Syracus 1968

Candaux, Jean-Daniel: Premières additions à la bibliographie des écrits relatifs à Voltaire 1719–1830. Turin 1969 (in studi francesi Nr. 39)

Vercruysse, Jérome: Bibliographie des écrits français relatifs à Voltaire 1719–1830. Genf 1968

Wallich, P. und H. v. Müller: Die deutsche Voltaire-Literatur des 18. Jahrhunderts. Berlin 1921

Zeugnisse von Zeitgenossen

Boswell, James: Große Reise (Boswell on the grand tour). Übers. F. Güttinger. Stuttgart–Konstanz 1955

Casanova, Giacomo: Mémoires. Geschichte meines Lebens. Berlin 1964–1967

Châtelet, Émilie du: Les lettres. Hrsg. T. Besterman. Genf 1958

Collini, Côme-Alexandre (Sekretär): Mon séjour auprès de Voltaire et lettres inédites que m'écrivit cet homme célèbre jusqu'à la dernière année de sa vie. Paris 1807/Genf 1970

Damilaville, E.: Voltaire à Paris 1778. Paris 1878 (Zeitgen. Berichte)

Friedrich der Große: Auf Voltaires Leben. Frankfurt 1779

Graffigny, F. de: Vie privée de Voltaire et de Mme du Châtelet, pendent un séjour de six mois à Cirey. Paris 1820

Harel, E.: Voltaire. Particularités curieuses de sa vie et de sa mort. Porrentrury 1781

Knüppel, J.-F.: Gemälde von dem Leben und Charakter, den Meinungen und Schriften des Philosophen Voltaire. Leipzig 1792

Longchamp, S. G., und J. L. Wagnière (Sekretär): Mémoires sur Voltaire. Paris 1826

Mahrenholtz, R.: Voltaire im Urteil der Zeitgenossen. Oppeln 1883

Mangold, W.: Voltaires Rechtsstreit mit dem Königlichen Schutzjuden Hirschel 1751. Prozeßakten und Briefe. Berlin 1905

Prod'homme, J.-G.: Voltaire reconté par ceux qui l'ont vu. Paris 1929

Schriften zu Voltaire

Abdo, Assad: L'homme primitif dans la pensée de Voltaire. Paris 1965

Adams, P. J.: La femme dans les contes et les romans de Voltaire. Paris 1974

Addamiano, Natale: Voltaire. Rom 1956

Affrontements de classes et création littéraire. R. Barny, M. Gilli, G. Fourrier, P. Lantz, A. Rault. Paris 1973

Alatri, Paolo: Voltaire, Diderot e il »partito filsofico«. Messina, Florenz 1965

Aldridge, Alfred Owen: Voltaire and the century of light. Princeton 1975

Alexeyeff, M. P.: Voltaire et Schouvaloff. Odessa 1928

Bachman, Albert: Censorship in France 1715–1750. New York 1934

Badir, Magdy Gabriel: Voltaire et l'Islam. Banbury 1974

Ball, David: Swift et Voltaire: la rhétorique de l'ironie. Paris 1971

Ballantyne, Archibald: Voltaire's visit to England 1726–1729. London 1893/Genf 1970

Barber, W. H.: Voltaire. »Candide«. London 1968

Beer, Sir Gavin de, und André-Michel Rousseau: Voltaire's British visitors. Genf 1967

Bellugou, Henri: Voltaire et Fréderic II au temps de la Marquise du Châtelet. Un trio singulier. Paris 1962

Besterman, Théodore: The age of enlightenment. Edinburgh 1967

–: Voltaire essays and another. London 1962

–: Voltaire on the arts. Unity and paradox. Oxford 1974

– (Hrsg.): Voltaire and Shakespeare. Genf 1967

–: Voltaire. Übers. S. Schmitz. München 1971

Billez, André: Les écrivains romantiques et Voltaire. Paris 1974

Blanco, Giuseppe: Voltaire (Rapporti con Parini e Leopardi). Catania 1967

Bo, Carlo: Da Voltaire e Drieu de la Rochelle. Mailand 1965

Bonhomme, Denise: The esoteric substance of voltarian thought. New York 1974

Bonneville, Douglas A.: Voltaire and the form of the novel. Oxford 1976

Bottiglia, William F.: Voltaire's Candide, Analysis of a classic. Genf 1959

– (Hrsg.): Voltaire. A collection of critical essays. Englewood Cliffs 1968

Bourthoumieux, Charles: Humanisme et droit penal au XVIIIe siècle, Montesquieu et Voltaire. Douai o. D.

Bouvry, Eugène: Voltaire et l'Italie. Paris 1898/Genf 1970

Brailsford, H. N.: Voltaire. London 1963

Brancaforte, Antonio: Saggi. Problematica del progresso. Neo-marxismo e religione. Il piacere in Voltaire come prova di Dio. Catania 1967

Brandes, G.: Voltaire in seinem Verhältnis zu Friedrich dem Großen und J.-J. Rousseau. Berlin 1909

–: Voltaire. Übers. E. Stein und E. R. Erkert. Berlin 1923

Braun, Théodore E. D.: LeFranc de Pompignan; un ennemi de Voltaire. Sa vie, ses œuvres, ses rapports avec Voltaire. Paris 1972

Brooks, Richard A.: Voltaire and Leibniz. Genf 1964

Brües, Otto: Schloß Moyland. Ein historischer Bericht über das Treffen Friedrichs des Großen mit Voltaire auf Schloß Moyland, ergänzt durch Bilder von den Begegnungsstätten am Niederrhein und aus der Zeit. Duisburg 1967

Brumfitt, J. H.: Voltaire, historian. London 1958

Castex, Pierre Georges: Voltaire. Micromégas, Candide, L'Ingénu. Paris 1967

Ceitac, J.: Voltaire et l'affaire des natifs. Un aspect de la carrière humanitaire du patriarche de Ferney. Genf, Lille 1956

Chaland, Annie (Hrsg.): Textes sur Voltaire adaptés par A. Chaland. Paris 1969

Chaponnière, Paul: Voltaire chez les Calvinistes. Genf 1932

Cherel, Albert: Déceptions et confiances de Voltaire. Bordeaux 1941

Choptrayanov, Georges: Essai sur »Candide«. Paris 1969

Clément, Marilène: »Zadig ou la Destinée«: histoire orientale de Voltaire. Etude et analyse. Paris 1972

Conlon, P. M.: Voltaire's literary career from 1728 to 1750. Genf 1961

Cresson, André: Voltaire. Sa vie, son œuvre. Avec un exposé de sa philosophie. Paris 1948

Curtis, Jerry L.: La provedence; vicissitudes du Dieu voltairien. Banbury 1974

Daix, Pierre: Sept siècles de roman. (Des éclaircissements et de leur contraire. Voltaire par lui-même) Paris 1955

Davis, Robert Minard: Voltaire's treatment of the middle ages. Ann Arbor (Mich.) 1974

Day, Hélène R.: Voltaire's portrayal of Peter the Great. Ann Arbor (Mich.) 1971

Delattre, André: Voltaire l'impétueux. Paris 1957

Deschanel, Emile: Le romantisme des classiques (Bd. 6: Voltaires Theater) Paris 1886–1891/Genf 1970

Desfontaines, abbé Pierre-François-Guyot: Avis sincères à M de Voltaire. o. O. u. D.

–: La Voltairomanie. 1738

Desnoiresterres, Gustave: Iconographie voltairienne. Paris 1879

–: Voltaire et la société française au 18e siècle. Paris 1868/Genf 1967

Diaz, Furio: Voltaire storico. Turin 1958

Dilthey, Wilhelm: Die große Phantasiedichtung und andere Studien zur vergleichenden Literaturgeschichte. Göttingen 1954

Ducretet, Pierre: Concordance de Candide, avec introduction. Paris 1968

Eberle, Joseph: Voltaires »Pucelle«. Stuttgart 1965

Edwards, Samuel (d. i. Noel Bertram Gerson): Die göttliche Geliebte. Voltaire und Mme du Châtelet. Stuttgart 1971

Emmrich, Hanna: Das Judentum bei Voltaire. Breslau 1930

Faguet, Emile: Voltaire. Paris o. D.

Fitch, Robert-Elliot: Voltaire's philosophic procedure. 1934

Flaubert, Gustave: Le théâtre de Voltaire. Genf 1967

Florida, R. E.: Voltaire and the Socinians. Banbury 1974

Folman, Michel: Les impuissants de génie. Paris 1957

Fontius, Martin: Voltaire in Berlin. Zur Geschichte der bei G. C. Walther veröffentlichten Werke Voltaires. Berlin 1966

Foster, Milton: Voltaire's »Candide« and the critics. Belmont (Cal.) 1964

France, Anatole: Hommages à Voltaire. Mit Gabriel Fauré und Paul Valéry. Paris 1945

Friedrich II., König von Preußen: Denkwürdigkeiten zur Geschichte des Hauses Brandenburg. Briefe an Voltaire. München 1963

Gaillard, Pol: Voltaire: analyse critique. Paris 1972

Gandon, Yves: Du style classique. Paris 1972

Gartenschläger, Rainer: Voltaires Cicero-Bild. Versuch einer Bestimmung von Voltaires humanistischem Verhältnis zu Cicero. Marburg/Lahn 1968

Gaste, Armand: Voltaire à Caen en 1713 (Mme d'Osseville, père Couvrigny) Caen 1901

Gatto, Ludovico: Mediaevo voltariano. Rom 1972

Gay, Peter: Voltaire's politics. The poet as realist. Princeton (N. J.) 1959

Giacomelle Deslex, Marcella: L'aggettivazione nei »Conts« di Voltaire da »Zadig« a »Candide«. Analisi, concordanze e indici. Turin 1968

Gielly, Louis: Voltaire. Documents iconographiques. Genf 1948

Gilles, B.: Voltaire, son temps, sa vie, son œuvre. Paris 1951

Girnus, Wilhelm: Voltaire. Berlin 1958

Gôker, L.: La Turquie dans les romans et les contes de Voltaire. Ankara 1971

Goldschmit-Jentner, Rudolf K.: Die Begegnung mit dem Genius. Darstellungen und Betrachtungen. Hamburg 1951

Goldzink, Jean: Roman et idéologie dans »Candide«. Paris 1971

Gooch, George P.: Catherine the Great and other studies. London 1954

Götzfried, Hans Leo: Untersuchungen zur französischen Wesenskunde. Erlangen 1948

Gresson, André: Voltaire. Sa vie, son œuvre, avec un exposé de sa philosophie. Paris 1948

Gross, Rebecca: Voltaire nonconformist. London 1968

Gubler, Max: Merope; Maffei, Voltaire, Lessing. Zu einem Literaturstreit des 18. Jahrhunderts. Zürich 1955

Guillemin, Henri: Eclaircissements. Paris 1961

Guiragossian, Diana: Voltaire's »Facéties«. Genf 1963

Guy, Basil: The French image of China before and after Voltaire. Genf 1963

Haase, Gustav: Die Briefe der Herzogin Luise Dorothee von Sachsen-Gotha an Voltaire. Archiv für das Studium der neueren Sprachen und Literatur. Braunschweig 1893, 1894

Hadidi, Gavâd: Voltaire et l'Islam. Paris 1974

Haintz, Otto: Peter der Große, Friedrich der Große und Voltaire. Zur Entstehungsgeschichte von Voltaires »Histoire de l'empire de Russie sous Pierre le Grand«. Mainz 1962

Havens, George R.: Voltaire's marginalia on the pages of Rousseau. Columbus (Ohio) 1933

Hearsey, John E. N.: Voltaire. London 1976

Henderson, John S.: Voltaire's »Tancrède«. Genf 1968

Henry, Patrick: Voltaire and Camus. The limits of reason and the awareness of absurdity. Banbury 1975

Herbert, Robert L.: David, Voltaire; Brutus and the French Revolution. An essay in arts and politics. London 1972

Hernandez-Casas, Eléna: L'Amérique dans l'œuvre et la pensée de Voltaire. Paris 1968

Hérord, Lucien: Voltaire à Semur. Dijon 1962

Heuvel, Jacques van den: Voltaire dans ses contes. De »Micromégas« à »L'Ingénu«. Paris 1967

Holmsten, Georg: Voltaire in Selbstzeugnissen und Bilddokumenten. Reinbek 1971

Knobloch, Hans: Witzgegenstände und Witzformen in der erzählenden Prosa Voltaires. Würzburg 1937

Kotta, Nuçi: »L'homme aux 40 écus«. A study of Voltairian themes. The Hague, Paris 1966

Kozmonski, L.: Voltaire financier. Paris 1929

Kreiten, W.: Voltaire, ein Charakterbild. Freiburg i. Br. 1885

Labriola, Arturo: Voltaire e la filosofia della liberazione. Neapel 1926

Lanson, Gustave: Voltaire. Paris 1942

Lantoine, Albert: Les »Lettres philosophiques« de Voltaire. Paris 1931

Larkin, Steve: Voltaire and Prévost: a reappraisal. Oxford 1976

Lauer, Rosemary Z.: The mind of Voltaire. A study in his »constructive deism«. Westminster (Maryl.) 1961

Lebois, André: La mort chrétienne de M de Voltaire. Paris 1960

LeClerc, Paul O.: Voltaire and Crébillon père. History of an enmity. Banbury 1973

Leithäuser, Joachim G.: Er nannte sich Voltaire. Bericht eines großen Lebens. Stuttgart 1961

Levy, David: Voltaire et son exégèse du Pentateuque, critique et polémique. Banbury 1975

Libby, Margaret Sherwood: The attitude of Voltaire to magic and the sciences. New York 1935

Lichet, Raymond: Voltaire, la vie et l'œuvre. Paris 1968

Lion, Henry: Les tragédies et les théories dramatiques de Voltaire. Paris 1895/Genf 1970

Lize, Emile: Inventaires des »contributions« de Voltaire à la »Correspondance littéraire« de F.-M. Grimm et Henri Meister. Paris 1974

Ljublinskij, V. S.: Voltaire-Studien. Übers. W. Techtmeier. Berlin 1961

Loewington-Lessing: Quelques nouveaux documents d'iconographie voltairienne. Annuaire du Musée de l'Ermitage. Leningrad 1936

Maestro, Marcello: Voltaire and Beccaria as reformers of criminal law. New York 1972

Mann, Heinrich: Voltaire–Goethe. Weimar 1947

Mason, H. T.: Pierre Bayle and Voltaire. London 1963

Maurois, A.: Les pages immortelles de Voltaire; choisies et expliquées par A. M. Paris 1961

–: Voltaire. Paris 1955

McKenna, J. F.: Theory and practices on Voltaire's views on free will. Fordhamm 1958

Meslier, Jean: Le testament de J. M. Hrsg. Rudolf Charles. Amsterdam 1864

Meyer, Henry: Voltaire on war and peace. Banbury 1976

Meyer, Paul H.: Voltaire and Hume as historians: a comparative study of the »Essai sur les mœurs« and the »History of England«. New York 1958

Micha, Hugues: Voltaire d'après sa correspondance avec Mme Denis. Etude sur la sensibilité de Voltaire. Paris 1972

Miró, César: Alzire et Candide ou l'image du Pérou chez Voltaire. Paris 1967

Missenharter, Hermann: Voltaire. Urach 1949

Mitford, Nancy: Voltaire in Love. London 1957

Monahan, Patrick J. jr.: Voltaire and war. Ann Arbor (Mich.) 1975

Monty, Jeanne R.: Etude sur le style polémique de Voltaire. Le Dictionnaire philosophique. Genf 1966

Morehouse, Andrew R.: Voltaire and Jean Meslier: New Haven 1936

Morize, André: L'apologie du luxe au XVIIIe siècle et »Le Mondain« de Voltaire. Etude critique sur »Le Mondain« et ses sources. Paris 1909/Genf 1970

Moureaux, José-Michel: L'Oedipe de Voltaire. Introduction à une psycholecture. Paris 1973

Murray, Geoffrey: Voltaire's Candide. The protean gardener, 1755–1762. Genf 1970

Mylne, V.: Literary techniques and methods in Voltaires contes philosophiques. Genf 1967

Nablow, Ralph Arthur: A study of Voltaire's lighter verse. Banbury 1974

Naves, Raymond: Voltaire. L'homme et l'œuvre. Paris 1955

–: Le goût de Voltaire. Genf 1967

–: Voltaire et l'»Encyclopédie«. Genf 1970

Nixon, Edna: Voltaire and the Calas case. London 1961

Noyes, Alfred: Voltaire. New York 1936. Übers. W. Rüttenauer. München 1958

–: Voltaire. Dichter, Historiker, Philosoph. München 1976

Orieux, Jean: Voltaire ou la royauté de l'esprit. Paris 1966. Übers. J. Kirchner. Frankfurt 1968

Oulmont, Charles: Portraits inédits de Voltaire. Gazette des Beaux-Arts. Paris 1916/Neudeln (Liechtenstein) 1971

–: Voltaire en robe de chambre. Strasbourg 1970

Pappas, John N.: Voltaire and d'Alembert. Bloomington 1962

Park, Young-Hai: »L'orphelin de la Chine« de Voltaire. Etude d'ensemble. Paris 1971

Périer de Féral, Guy Baron v. Schwarz: La descendance collatérale de Voltaire. (Mit genealogischen Tafeln) Genf 1966

Perkins, Merle L.: Voltaire's concept of international order. Genf 1965

Perry, Norma: Sir Everard Fawkener, friend and correspondent of Voltaire. Banbury 1975

Picot, Guillaume: La vie de Voltaire, Voltaire devant la posterieté. Paris 1967

Pomeau, René: La religion de Voltaire. Paris 1956

Popper-Lynkeus, Josef: Voltaire. Eine Charakteranalyse. Dresden 1905

–: Das Recht zu leben und die Pflicht zu sterben. Wien, Leipzig 1924

Pruner, Francis: Recherches sur la création romanesque dans L'Ingénu de Voltaire. Paris 1960

Quincarlet, Simon: Voltaire et les Parlaments. Chambéry o. D.

Raymond, Jean Michel: La jeunesse de Voltaire (1694–1726). Paris 1975

Renwick, John: Marmontel, Voltaire and the Bélisaire affair. Banbury 1974

Ridgway, Ronald S.: La propagande philosophique dans les tragédies de Voltaire. Genf 1961

–: Voltaire and sensibility. Montreal, London 1973

Rigo Bienaimé, Dora: Gli ultimi racconti di Voltaire. Pisa 1974

Rihs, Charles: Voltaire. Recherches sur les origines du matérialisme histori-
que. Genf 1962

Rousseau, André-Michel, und Sir Gavien de Beer: Voltaire's British visitors.
Genf 1967

–: L'Angleterre et Voltaire. 1718–1789. Oxford 1976

Runset, Ute van: Ironie und Philosophie bei Voltaire unter besonderer Be-
rücksichtigung der »Dialogues et entretiens philosophiques«. Genf 1974

Russell, Trusten Wheeler: Voltaire, Dryden and heroic tragedy. New York
1966

Sachsen-Gotha, Briefe der Herzogin L. D. v. siehe Haase, G.

Sareil, Jean: Essai sur Candide. Genf 1967

–: Anatole France et Voltaire. Genf 1961

Schick, Ursula: Zur Erzähltechnik in Voltaires »contes«. München 1968

Schilling, B. N.: Conservative England and the Chase against Voltaire. New
York 1950

Schlumberger, Hella: Der philosophische Dialog. Studien zu Voltaire, Diderot und Galiani. Göppingen 1971

Schwarzbach, Bertram Eugene: Voltaire's Old Testament criticism. Genf
1971

Seguin, J. A. R.: Voltaire and the »Monthly review« 1749–1778. Jersey City
1963

–: Voltaire and the »Gentleman's magazine« 1731–1868. Jersey City 1963

Sina, Mario: L'»Anti-Pascal« di Voltaire. Mailand 1970

Sonet, Edouard: Voltaire et l'influence anglaise. Rennes 1926/Genf 1970

Spatzler, M.: Der abbé Desfontaines. Ein Kritiker des Voltaire. Leipzig 1904

Stakemann, Johann Georg: Voltaire, Wegbereiter der Französischen Revolution. Berlin 1936

Stern, Jean: Voltaire et sa nièce Mme Denis. Paris 1957

Stouffer, Phyllis Carol: Voltaire as Horatian lyric poet. Ann Arbor (Mich.)
1970

Strauß, David Friedrich: Voltaire. Sechs Vorträge. Stuttgart 1941

Szaroma, Maria: Quid de Voltaerio in ephemeridibus Stanislai Augusti Po-
niatowski regis Polonorum temporibus legatur. Krakau 1963 (poln. Presse
im 18. Jahrhundert)

Taillandier, Saint René: Du Roi-Soleil au Roi Voltaire. Paris, Genf 1953

Thacker, Christopher: Voltaire. London 1971

Todd, Alice Reynolds: The intellectual relationship between Voltaire and
Frederic the Great. Ann Arbor (Mich.) 1972

Topazio, Virgil W.: Voltaire. A critical study of his major works. New York
1967

–: Voltaire and Rousseau: humanists and humanitarians in conflict. Houston
1973

–: Voltaire, the poet revisited. In: Reconsiderations. Syracuse 1972

Torrey, Norman L.: Voltaire and the English deists. Oxford 1963

Trappnell, William: Voltaire and his portable dictionary. Frankfurt/M. 1972

Trousson, Raymond: Socrate devant Voltaire, Diderot et Rousseau. Paris 1967

Valéry, Paul: Voltaire. Discours. Paris 1945

–: siehe France, A.

Vercruysse, Jerome: Voltaire et la Hollande. Genf 1966

Vernier, Léon: Etude sur Voltaire grammairien et la grammaire au XVIIIe siècle. Paris 1888/Genf 1970

Vrooman, Jack Rochford: Voltaire's theatre. The cycle from Oedipe to Mérope. Genf 1970

Vulliamy. C. E.: Voltaire. London 1930

Wade, Ira Owen: Studies on Voltaire with some unpublished papers of Mme du Châtelet. Princeton 1947

–: Voltaire's Micromégas. A study in the fusion of science, myth and art. Princeton 1950

–: The search for a new Voltaire. Philadelphia 1958

–: Voltaire and »Candide«. A study in the fusion of history, art, and philosophy. With the text of the LaVallière manuscript of »Candide«. Princeton 1959

–: Voltaire and Mme du Châtelet. An essay on the intellectual activity at Cirey. New York 1967

–: Studies on Voltaire. New York 1967

–: The intellectual development of Voltaire. Princeton 1969

Waldinger, R.: Voltaire and medicine. Genf 1967

Wanounou, Suzanne: La fantaisie et son expression dans les romans et contes de Voltaire. Paris 1972

Waterman, Mina: Voltaire, Pascal and human destiny. New York 1971

Weischedel, Wilhelm: Voltaire. Tübingen 1949

Will, Heinz: Voltaire am Niederrhein. Kleve 1974

Willems, Lilian: Voltaire's comic theatre; composition, conflict and critics. Banbury 1975

Williams, David: Voltaire, literary critic. Genf 1966

Zachariev, Zacharie: Quelques observations sur la structure des phrases de Voltaire dans ses romans. Paris 1967

Zingg, Peter Ulrich: Lessing und das Theater Voltaires. Turbenthal 1966

Manuskripte und Bücher aus Voltaires Besitz in Leningrad

Caussy, Fernand: Inventaire des manuscrits de la Bibliothèque de Voltaire conservée à la Bibliothèque impériale publique de Saint-Petersbourg. Paris 1913

Katalog der Bücher der Bibliothek Voltaires in der Bibliothek Saltykov-Chtchedrine in Leningrad

Nachweis der Abbildungen

Namenverzeichnis

insel taschenbücher
Alphabetisches Verzeichnis